LOS ARGENTINOS
POR LA BOCA MUEREN

Carlos Ulanovsky

LOS ARGENTINOS POR LA BOCA MUEREN

Cómo usamos y abusamos de la lengua
Edición ampliada y definitiva

El autor agradece la colaboración de Paula Kryss
en esta nueva edición

Diseño de cubierta: Mario Blanco
Diseño de interior: Osvaldo Gallese
Ilustraciones de interior: Fontanarrosa

© 1998, Carlos Ulanovsky

Derechos exclusivos de edición en castellano
reservados para todo el mundo:
© 1998, Editorial Planeta Argentina S.A.I.C.
Independencia 1668, 1100 Buenos Aires
Grupo Editorial Planeta

ISBN 950-742-909-3

Hecho el depósito que prevé la ley 11.723
Impreso en la Argentina

Ninguna parte de esta publicación, incluido el diseño de la cubierta, puede ser reproducida, almacenada o transmitida en manera alguna ni por ningún medio, ya sea eléctrico, químico, mecánico, óptico, de grabación o de fotocopia, sin permiso previo del editor.

Dedicatorias sumadas (o por partida triple):
A Marta, Julieta, Inés, Sergio Sinay,
Carlos Ferreira, Héctor Yánover, Juan Carlos Volnovich,
Carlos Abrevaya (en memoria) y Jorge Guinzburg.

El autor agradece a Leo Maslíah,
Hermenegildo Sábat, Fernando Salas y
Adolfo Castelo, padrinos del 1 y del 2.

SUMARIO

Prólogo: Sobran las palabras 13
Los argentinos por la boca fueron 15

1 (UNIÓN)

Lo que el viento se llevó 19
   El reino del revés, 22; Hace 20 años no existían, 24; De dónde vienen, 26; Adónde van, 26.
Cuatro grandes palabras de fin de siglo 28
   ¡Aguante!, 28; Bancar, 30; Trucho, 31; Zafar, 34.

2 (DUQUESA)

Argentino Básico (I) 37
   Palabras que indignan o palabras dignas, 39; ¿Las tenías?, 42.
Argentino Básico (II) 46
   Cuando el lenguaje desciende de los barcos, 46; Una mezcla monumental, 47; El lunfardo nuestro de cada día, 48; Cuando el idioma baja de los aviones, 50; ¡Qué cosa con el coso!, 53.

3 (TRICOTA)
Aquí, señores, las cosas se hacen para decirlas 55
País Lengua Larga, 57; El "efecto prensa", 57; No estar, no existir, 58; El negocio de la impudicia, 59; De mesa redonda en mesa redonda, 59; Llamarse a silencio, 62.

4 (CUATROCHI)
Con la misma boquita 65
Yo me debo a mi público, 68.

5 (QUIÑONES)
Lo que ya no quiere decir casi nada 71
Bien... o querés que te cuente, 71; Divertido e importante pero, por suerte, objetivo, 73; Duro, pero duro duro, 75.

6 (EZEIZA)
Meta metáforas 79
Ingenieros y médicos, 80; Sale con fritas, 81; La cocina de los hechos, 81; No comemos vidrio, 81; El teatro de losa hechos, 82; Pelotazo en contra, 83; Titanes en el ring, 85; Dime cómo hablas y te diré de qué metáforas vienes, 86.

7 (SETIEMBRE)
Entre la vida, la muerte y Dios (mío) 89
Como que hay un Dios, 92.

8 (OCHOA)
Los que se llenan la boca al hablar 95
¿En qué idioma te estoy hablando?, 97; Hablar bien no cuesta, 99; Para hacernos los finolis, 100; ¿Me entendés lo que te digo?, 103; Exquisiteces, 105; El lenguaje paródico, 106; Las inefables maneras de nombrar, 109.

9 (NOVOA)
Idolo, ídola y otras forradas 113
Chicos, ¿de que hablan?, 116.

10 (DIEGO)
Los mismos eufemismos de siempre............ 119
    Chantas hay en todos lados, 120; Las cosas por su nombre, 121; Esta boca es mía, 122; Palabraspintadas, 125.
Los lugares comunes tienen un lugar
en la comunidad............ 127
    Cómo descubrir un lugar común, 128; De dónde venimos, adónde vamos, ¿eh?, 129; Torneo de lugares comunes importantes de la Nación, 130.
Jergas, muletillas y diretes............ 131
    Un curso sobre el discurso, 132; Palabras con autoridad, 133; Delicias del vesre, 134; Las palabras de antes no usaban gel, 135; La así llamada economía del lenguaje, 137; Palabras desparejas, 138; Lenguas/Pendex, 140; Los pibes hablan lo que creen, 141.

11 (ONZARI)
Si se me perdona la expresión............ 145
    ¡Qué boquita!, 147; Guía veloz de vituperios famosos, 149; A veces tenemos diarrea verbal, 153.

12 (DOCENA)
Cambiando por completo el ángulo
de la información............ 155
    Dame letra, 159; Lo dijo la telvisión, 159.

13 (TRECENZA)
Asumiendo el costo político de las palabras............ 161
    Errores y excesos, 162; Doble, triple, cuádruple discurso, 165; Palabras sin destino, 167; Los explicators, 168.

14 (CETORCA)
Dudas lingüísticas (I)............ 171
    ¿La presidente o la presidenta?, 171.
Dudas lingüísticas (II)............ 175
    Obediencia debida a la palabra aniquilar, 175.
Dudas lingüísticas (III)............ 177

15 (QUINCENA)
Las palabras que el autoritarismo nos legó 183
Dialoguitos, 185; Y se armó la discusión, 187; Frases argentinas y autoritarias, 187.

Fin 189

Prólogo:
Sobran
las palabras

Los argentinos por la boca mueren, en su edición ampliada y definitiva, aspira a un objetivo imposible: poner al día ese bien renovable que es el idioma. Y digo imposible porque es como ponerse a luchar contra las hormigas o las cucarachas. Es que, en materia de palabrerío, en cualquier momento alguien hablará al pedo, en cierto lugar no faltará el que se vaya increíblemente de boca y en cada esquina de la ciudad y en cada rincón surgirán nuevos términos dispuestos a ganarse un lugar en las mentes y en los vocabularios.

Este libro se refiere a nuestra manera de hablar, que normalmente pasa a ser una representación cabal de nuestra manera de pensar, del país que habitamos, de la sociedad que somos, del tiempo que vivimos y de la cabeza que tenemos. Los materiales que integran este trabajo salieron de la boca: son frases de siempre y las palabras de moda, los graffitis y los versos, los dobles, triples y cuádruples discursos, las jergas y los lugares comunes.

Ya que recursos morales no abundan, apelamos a los recursos orales. Si en bienes económicos y políticos no estamos como para darnos lujos, en materia de parla somos millonarios. Hacemos chicle las frases; nos morfamos las *eses*; nos tragamos las *jotas* y nos bebemos las *eres* tal como lo hacía el Gran Carlitos, muerto e inmortal, creador de la frase: *¡Qué ircerdio!* Sí, realmente, hermanas y hermanos de mi patria: sobran las palabras. Acaso llegó el momento de poner de moda el silencio.

Los argentinos por la boca mueren. Bueno, bah: morimos por hablar. Siempre tenemos algo para decir. No nos callamos ni cuando nos toca. Todo se cuenta, se dice, se refiere. Se parla mucho, se discute mal y pronto, y se reflexiona una vez cada muerte de obispo. Se hace menos de lo necesario, aunque lo mal hecho cuenta con una abundante explicación de sostén.

Las cosas vienen cada vez menos nombradas por su nombre. El tiempo de batir la justa debe haberse terminado con el "chan chan" de algún tango. Y por irse de boca —¡cómo no se le ocurrió a algún organismo todavía!— nadie paga impuesto. La incontinencia verbal es el estilo, y el silencio, la más exótica de las monedas. Como dijo la ensayista Beatriz Sarlo: "Vivimos en un país en donde no se paga el costo de lo dicho, donde nadie es completamente responsable de las palabras".

Desde hace tiempo en nuestro país el hablar reemplaza al hacer: hay un crecimiento desmesurado del recurso de la palabra como sustituto de la acción verdadera. El antiguo y bienhechor "obras son amores" es sustituido con palabras y ocultado con explicaciones.

LOS ARGENTINOS POR LA BOCA FUERON

Este no es el libro de un lingüista, de un sociólogo, de un especialista en gramática española, de un ensayista. Este es el libro de un periodista que ha tenido y todavía tiene en la palabra su principal herramienta de trabajo, y que ama jugar y reírse con vocablos, términos y expresiones que sintetizan la forma de hablar de una época.

Las que se trazan a continuación son una serie de coordenadas e hipótesis que le dan rumbo y orientación al libro.

- En este país en donde se vaciaron bancos, fábricas, pueblos enteros y todo tipo de riquezas, no debe sorprender que también se hayan vaciado las palabras, y tenga debilitado su sentido una expresión como "vacío de contenido".
- Si muchas veces se devaluó la moneda nacional, también sufrieron sucesivas devaluaciones las palabras, el idioma y el lenguaje de los argentinos.
- En una época sin épica pero con crisis lo más heroico no es tener dinero sino palabra. Sin embargo, en la realidad es al

revés. La endeblez de la palabra se proyecta en todo y ensombrece nuestra manera de ser y de actuar.
- Mas allá de hablar bien o mal, las palabras hablan por la persona que las pronuncia. Y en este sentido ayudan a aprobar o mandan a examen.
- La cháchara, y su exceso, contribuye a alejarse de los hechos y las realizaciones.
- Si el cuerpo social padeció y padece diversos despojos, resultó continuo y sistemático el saqueo de nuestra forma de decir.
- También desde las palabras sufrimos engaños y defraudaciones.
- Si el terrible fenómeno de la corrupción (al que se insiste en calificar como flagelo) azota los recursos morales de la Nación, los progresivos ataques a la lengua afectaron nuestros recursos orales.
- Es mucho lo que hablamos y poco lo que nos escuchamos.
- Nuestra manera de hablar es, en términos generales, representativa de nuestro modo de pensar.
- El nuestro es un país en donde nadie se hace cargo enteramente de lo que hace y, mucho menos, claro, de lo que dice.
- Entre lo que se proclama verbalmente y lo que se concreta en la realidad hay una distancia sideral. O un mundo edificado con palabras.
- A una época de propuestas políticas exteriores y de vigencia del éxito y del individualismo se corresponde un estilo de superficialidad y banalidad desde el lenguaje.
- Existen vínculos posibles de ser probados entre lo que se vive, lo que se piensa y lo que se dice.
- Lo que está de moda es tener poder, figuración y presti-

gio. Lo que pasó de moda es tener palabra, darla, ofrecerla y empeñarla.

- Desde hace bastante tiempo, entre nosotros, la manía de hablar reemplaza ventajosamente a la costumbre de hacer.
- Como "pensamiento y lengua son primeros y van juntos", hablar mal es una forma de negar la realidad ya que, al elegir términos inadecuados para describir lo que observamos, nos preparamos para relatarla con inexactitudes.
- En la Argentina creció más el estilo (y el gesto) que la acción, y se le da mayor crédito a lo que se dice que a la posibilidad de cambio. Por eso el globo de la hipocresía se infla con nuevos vocablos; el escepticismo se tapa con renovadas promesas, y la realidad y las realizaciones se cubren con palabras, palabras, palabras.
- En este país las cosas se hacen, primero que nada y únicamente, para después contarlas.
- El nuestro es un país en el que la corrupción y el saqueo llegaron hasta el territorio de las palabras.
- ¿Se puede dilapidar el idioma?: se puede. Hay canales de estropicio de la forma de hablar. Lo real es que la lengua crece porque es un bien renovable. Sus cambios no deben asustar a nadie y la prueba es que ahora no se habla igual que en 1920. Se supone que la lengua debe acompañar la evolución de los países y de las sociedades, pero también debemos convenir que en muchas ocasiones nos roban las palabras. Y si protestamos frente a otros injustos y graves despojos, es tarea de los comunicadores plantarse con firmeza frente a los distintos devaluadores de significados.

PONGA EN HORA SU RELOJ-VOCABULARIO

Si usted todavía usa palabras como pejerto, mamerto, poligriyo, recalcado, paparulo o pastenaca, perdone, pero su expresión atrasa.

Lo que no se usa más	Lo que se dice
Lindo	Copado
Fanfarrón	Careta
Ponchada	Un toco
Pamplinas	Es cualquiera
Aflojá, mi viejo	Cortála, man
Tuve cuicui	Me paranoiquié
Estrolado	Darse un palo
Sin guita	Gasolero
Tarrudo	Hijo de puta
Esperá un segundito	Bancá un toque
No sé un pito a la vela	No sé una goma
Está en la pomada	La sabe reposta
Dejáte de escorchar	Pará fiera
Piojo resucitado	Basura atómica
Llamále hache	Tipo... onda...
No me dio ni la hora	Me cortó el rostro
Es un bolas tristes	Es un chabón
Esa mina es un bagre	Esa mina es repiedra
Me importa un belín	Me importa cero
Meter la pata	Hasta las manos
No existe	Fue
Jovato	Viejazo

1
(Unión)

Lo que el viento se llevó

La palabra progreso antes se escribía con mayúsculas.
Luego se empezó a escribir con minúsculas.
Y si todo sigue así, dentro de poco,
se va a escribir con irónicas comillas.

Ernesto Sabato

Apuntaba con mucha razón el analista político Mario Wainfeld que casi nadie (y mucho menos los políticos) dice (o se llena la boca con) la paradigmática palabra *pueblo*. Ahora se dice la gente, la sociedad. Sin embargo, se escucha cada tanto un cantito: "Si éste no es el pueblo, el pueblo dónde está" o el otro sonsonete que afirma sin ruborizarse que "el pueblo unido jamás será vencido". Y así como pueblo cayó prácticamente en de-

suso, la vieja y noble palabra *bueno* también se volvió escuálida de sentido, y quien dice de alguien que es bueno casi lo está condenando a que muchos piensen que es un boludo.

Con tanta desocupación, *trabajo* quedó condenada a ser palabra de antaño. Y ni hablar de *laburo*: en este país de laburantes, cada 7 de agosto todos —los que lo tienen y los que no— le van a pedir el santo laburo a San Cayetano.

En las décadas recientes hemos visto muchas *patrias* y demasiado pocos *patriotas*: patria financiera, patria socialista, patria peronista, patria metalúrgica, patria publicitaria, patria contratista, todas ellas absolutamente distantes de la que nos enseñan en la escuela y por la que juramos desde el himno "con gloria morir".

Otra palabra que el tiempo, el uso y las costumbres hicieron de goma es esa curiosidad dialéctica denominada *imperialismo*, que no se puede pronunciar o pensar sin correr el riesgo de volver el tiempo a 1945.

Igual que lucha de clases, dominación, penetración cultural, idealismo, cambiar el mundo u oligarquía (y si es cipaya, tanto peor), imperialismo es una expresión que descansa (aunque no en paz) en el arcón de los recuerdos.

Muchos de los partidos políticos que siempre la usaron la marginaron de sus programas y de sus discursos.

Además, ¿adónde vamos a ir a parar si ni siquiera los embajadores norteamericanos son los portadores del estandarte imperialista? El anterior, Todman, nos tomó tanto cariño que se convirtió en asesor de varias empresas nacionales. Nosotros, a cambio, le conferimos un simbólico título de virrey. Y su sucesor, Cheek, en lugar de descender a los infiernos de las relaciones bilaterales, descendió a los vestuarios y se transformó en, cuasi, barrabrava de San Lorenzo.

El reino del revés

Cosas de las palabras y de la cabeza. Que al partido de un político enjuiciado por sospechas de coima (el suspendido ex diputado Varela Cid) se denomine Frente de Recuperación Etica se lo considera un blooper. O que el presidente Menem y el ex ministro Cavallo se la hayan pasado cinco años diciendo que hablaban el mismo idioma trepa a la categoría de fallido. No digan que éste no es un país raro, en las palabras y en los hechos. Porque lo es.

Justo en el momento en que los estudiantes se resisten como pueden a que el modelo les haga "devorar la galletita" del arancelamiento universitario, publicitarios ocurrentes bautizaron "Vocación" a unos nuevos bocados, con el agregado del slogan "Acompaña tu camino". Casualmente, en la sociedad que expulsa del camino a los ciudadanos a partir de los 35 años (y aun menos) se extiende la convención de denominar inteligentes a algunos modernos edificios y casas. Todo parece que estuviera de cabeza, para provocarnos dolores de cabeza. Aquí a la corrupción se le dice *desprolijidad*. Se nos asegura que atravesamos una era light pero solemos decir que todo "está de terror". La inflación es cero, y ya ni siquiera se llama de ese modo, sino deflación. Y si hay recesión, al menos que no se note. Gracias a Dios algún economista con iniciativa inventó un bypass lingüístico salvador: a la recesión le dice desaceleración de la actividad económica de cierta intensidad.

Se me cayó el sistema.

Pregúntele a cualquier adolescente que es un sóviet y terminará polemizando sobre pantalones vaqueros. Y ni hablar de la sigla PC. Las *personal computers* provocan hoy en día mayores discusiones y polémicas que el viejo Partido Comunista. Este país está al revés y, por momentos, todos sus habitantes nos sentimos tan "dados vuelta" que a veces decimos una cosa, significamos algo distinto y encima hacemos otra. Así como durante mucho tiempo hubo precios del dólar oficiales y paralelos, y así como cada día medimos temperatura y sensación térmica, el riesgo consistirá en que haya una vida para vivir, otra para sentir y otra para exhibir.

Como para sentirnos borrachos de alegría, en los últimos años atravesamos distintos efectos económicos: al *tequila* que provenía de México le continúa el *caipirinha* (importado desde el Brasil), y todo convergió en el efecto *champagne*, que no necesariamente venía de París.

También hubo otros efectos que supimos conseguir: Efecto Dominó; Efecto Invernadero; Efecto Balza; Efecto Cavallo, precedente del Efecto Roque. Tal vez esto quiera decir que no nos movemos por hechos reales, tangibles, sino por efectos, y que las cosas no suceden por causas, sino por efectos. Entre nosotros hay demasiados efectos y escasea el efectivo.

Hace 20 años no existían

Hace 20 años, y no es ir tan lejos remitirse a 1977, nadie podía haber pensado o dicho algo en estos términos: "Después del trabajo me voy a hacer un *fútbol 5* contra el equipo del *personal trainer* de Raúl. A la salida te tiro un radio y si no nos localizamos, tubeáme al *movi*. Te pido un favor: antes pasá por el *cajero automático*, sacá unas monedas y nos vemos en el *loft*. No, no traigas nada, llamamos al *delivery* y que nos traigan algo de comer. No te preocupes, si la pizza llega fría le damos un toque en el *microondas*".

Hace 20 años la escena estaba dominada por sangre, dolor y miedo. Hoy se habla de *guerra sucia* con conocimiento, pero en ese entonces los militares recién instalaban el término. Los de la guerrilla se hicieron *subversivos* en los medios de comunicación, los desaparecidos por la represión pasaron a ser *chupados* (un término intolerable) y los exiliados recibieron el despectivo mote de *sudacas*. Muchos conceptos que hoy manejamos con tranquila familiaridad no existían. Aluden a actividades comerciales, ideas, acciones, sentimientos que recién completaron su sentido cuando contaron con una palabra capaz de explicarlos tanto en una dimensión técnica, en su aprovechamiento práctico, como en la posibilidad de transformación que tuvieron en la vida de la gente. Por ejemplo: en 1977, o poco antes, no había pizzas-cafés, tiempo compartido, gas natural comprimido, savia vegetal, leche cultivada, televisión por cable, bingos, kioscos 24 horas, cepo, scanner, máquina de fotos autofocus o CD-ROM. No estaban en nuestra existencia, y tampoco en nuestro lenguaje.

En cualquier caso, el objetivo de esta nómina, seguramente incompleta, es juntar como en una fotografía las expresiones que mejor ayuden a probar que estas últimas dos décadas han transcurrido. En la vida, en el corazón y en el habla. Como el lenguaje, la lista es renovable y a cada uno le tocará examinarla y hacerla crecer.

Las nuevas palabras —algunas de las cuales no lo son tanto pero sufren reformulaciones y adaptaciones— provienen de campos tan diferentes y distanciados como la sociología y la informática; el deporte y el tiempo libre; la televisión y la psicología; la publicidad y la arquitectura; el periodismo y la cultura de mercado; la tecnología digital y el nuevo lunfardo que en la calle, las facultades y los recitales hablan los jóvenes. De la práctica democrática provienen las dos más recientes: Jefe de Gobierno, el título de Fernando de la Rúa y el nombre que los estatuyentes eligieron para la Capital: Ciudad autónoma de Buenos Aires.

De dónde vienen

Para el hombre *aggiornado* no hay *entorno* que valga. Los *parámetros*, hasta los más *transgresores* tienen que cerrar, ése es el *desafío*. ¿Hay que *reciclar*?: se *recicla*.

¿Hay que poner un *diego*?: se pone. No sé, por lo menos ésa es la *lectura* realista del *discurso* de hoy, en medio de toda esta *parafernalia*. Más clarito, ponéle un *pasacalle*. OK, lo *chequeamos* y dejámelo en el *e-mail*.

Adónde van

Palabras originadas en ámbitos específicos y que designan acciones, saberes, actitudes, conductas, explican determinados soportes técnicos que se adentraron en el len-

Argentinos, que sigan los éxitos. (Graffiti porteño)

guaje de todos los días y comenzaron a ser aplicados en distintos campos.

INTERNET: la web, arroba.

SOCIOLOGÍA: pobreza estructural, por debajo de la línea de indigencia, necesidades básicas insatisfechas.

MEDICINA: lifting (se hizo una lipo, servicio completo), chequeo a full, stressazo.

INFORMÁTICA: notebook, megas, menú, CD-ROM.

MEDIOS Y COMUNICACIONES: aldea global, realidad virtual, sociedad mediática.

POLÍTICA: samanthizar la situación, yabranizar el panorama, pragmatizar la realidad.

FIN DE SIGLO: light, posmodernismo.

ECONOMÍA: modelo económico, Mercosur, paraísos fiscales, concentración.

FÚTBOL: los relatores transformaron el viejo pase en asistencia, el offside en "achique para provocar el fuera de juego" y el me parece en telebean.

TIEMPO LIBRE: evento, shopping, movida.

TELEVISIÓN: blooper; lo que mata no es el rating, es el share; culebrón, talk show.

PSICOLOGÍA: histeriquear, psicopatear.

PUBLICIDAD: sponsors, radicales libres.

MODA: fashion, te viniste bien producida.

JUSTICIA: testigo encubierto, arrepentido, juicios orales, mediación.

No hay que confundir libertad con libertinaje.

Droga: cárteles, éxtasis, lavado de dinero, nariguetazo.

Amor: tener una historia, amigovios.

Corrupción: está hasta las manos, transparencia, valijear la cometa.

Esoterismo: viene muy aspectado en Saturno, karma, bioenergética, Era de Acuario.

Lenguaje juvenil: ¿te va?, es de terror, tampoco la pavada.

Vida actual: mailing, catering, tele shopping.

Gobierno: Ministro Coordinador, Jefe de Gabinete, vocero.

Música: discman, compact disc, diyey (por disc jockey).

Ladrones: chorros, boqueteros.

Cuatro grandes palabras de fin de siglo

¡Aguante!

La difusión de la palabra *aguante* es cuando menos curiosa en una sociedad a la que se la reconoce por su intolerancia. Este estilo de aguante tiene más parentesco con la resignación que con el resistir desde la fortaleza. Si esto no es vida, lo que queda es aguantar. Y si el espacio vital es el del aguante, la existencia —no hay otra— semejará un aguantadero.

Los cartels callejeros son llamativos por lo profusos,

pero también por lo ambiguos: "Aguante Los Redondos"; "Aguante Soldati"; "Aguante Cuervo"; "Aguante 5º 2º Comercial 33". ¿Qué tienen en común para aguantar un hincha de San Lorenzo, un vecino de avenida Roca y Portela, un fanático de la música de Patricio Rey y un alumno que todavía tiene previa contabilidad IV? Probablemente nada, salvo la convicción de que éste es un tiempo para sufrir con tolerancia y paciencia.

El que aguanta pone en marcha cierta capacidad de seguir en la de uno, pase lo que pase y venga lo que venga. Poner el hombro a la adversidad. Sufrir pero que no se note. Desensillar hasta que aclare. Antes que eso, salir del paso. "Aguante Diego", le pide la sufrida número 12 a Maradona.

Signo de la época, este aguante tiene poco y nada que ver con la solidaridad. Se aguanta al caído; se aguanta al amigo en desgracia; se aguanta, desde un lugar de resistencia, la embestida del profesor, de la policía, de los padres, de la autoridad en particular y del poder en general. Es palabra de alientos, pero es también contraseña para resistir castigos, arbitrariedades y malos tratos. También significa bancar por dinero. Aunque aguantar es más complejo que bancar: lo que va de "Macho, bancáme un chegusán" a "Loco, aguantáme una birra". Uno es un sostén económico circunstancial, el otro implica casi una obligación de respaldo.

Un hecho muy interesante es el uso del término entre los adolescentes y jóvenes. La vida de los chicos se convirtió en un permanente aguante. Aguante frente a la falta de dinero, a la incomprensión de los padres, aguante para colarse en un recital o para resistir la agresión policial: no es rebelión propia de la edad sino recurso para zafar.

"Si podemos soñarlo podemos hacerlo." (Frase de la TV)

Aguantar es copiarse, es conseguir un resultado favorable, es alcanzar satisfactoriamente los objetivos en una cancha, en la esquina del barrio, en un recital.

Bancar

Este neologismo comenzó a difundirse avanzada la década del 70, cuando las instituciones creadas para respaldar los ahorros dejaron de hacerlo y desbancaron a muchos puntos.

"No te banco más", dicen las parejas, que no por nada, según los abogados, constituyen sociedades conyugales. Quedarse sin crédito, girar en descubierto en la vida y en los afectos. *Bancar* a alguien es apoyarlo en las buenas y en las malas, como hace Menem con sus amigos y parientes implicados en casos de corrupción. Banca es lo contrario de punto. Bancáme, dame una mano, hacéme la gamba, echáme un ojo, prestáme una oreja, tiráme unos pesos, arrojáme unas monedas, man.

Así como hay una Argentina secreta, hay una Argentina imbancable. Probablemente el neoverbo bancar sea una de las palabras más utilizadas en el pintoresco lenguaje doméstico de Buenos Aires.

En estos últimos años los bancos, precisamente creados para bancar, dejaron de hacerlo y se olvidaron de retener y defender como debían el dinero y las ilusiones ajenas. Ya cuando ni los bancos bancan "se pudre todo". Acerca de prominentes figuras nacionales muchos nos preguntamos: "Y a éste, ¿quién lo banca?". Los que mandan crearon y sostuvieron una banca para el cuidado y acrecentamiento de sus privilegios. La existencia de tantas bancas supone la inevitable y simétrica presencia de otros tantos puntos. Todo es así por el estilo. Los alumnos no se bancan a quienes les toca enseñarles. Los hijos no se bancan a los padres. Las parejas dejan de bancarse. Si la imposibilidad de bancar se difunde, crecerá también la falta de solidaridad. En medio de tan alto margen de imbancabilidad conviene comenzar por bancarse la preguntita: ¿no será que no podemos bancarnos ni a nosotros mismos?

Trucho

En un mundo acosado por la impostura no parece asombroso que una de las palabras estelares de los últimos años haya sido el adjetivo *trucho*, presente en el diccionario como un americanismo que quiere decir vivo, ladino, taimado y astuto. En su renovada acepción trucho es falso, alude a simulaciones y desfiguraciones en boga, a bastardeos diversos y a todo aquello que la vida actual nos presenta como engañoso ante nuestros propios ojos.

En los tiempos del superconsumo, las marcas famosas de jean y de relojes se duplican y triplican. En los tiempos del cólera el cloro brilla por su ausencia en las lavandinas. Hay abogados que desde su falta de título hacen todo de mala ley y policías aparentes que en realidad son piratas del asfalto o integrantes de superbandas de ladrones de bancos y, peor aún, criminales a sueldo.

Uno de los orígenes de lo trucho reside en la desmedida ambición de las personas e instituciones: cirujanos que jamás se recibieron pero que se atreven a internarse en los estómagos de sus pacientes como si nada; clínicas que fraguan operaciones de vesícula, que practican biopsias inútiles y que recomiendan remedios infundados. A todos se les dice truchos.

Hay taxis que no existen en registro legal alguno, con relojes adulterados mediante un aparato denominado *piripipí* y choferes que nunca obtuvieron la habilitación para conducir. Pero esta adulteración es picardía menor frente al hallazgo de toneladas de muzzarella contaminada, de miles de litros de agua mineral con bacterias, de jugos de naranja que no tienen naranja. La criminal truchez de los controles sanitarios, o la directa ausencia de ellos, conduce a la muerte por intoxicación de propóleo o por envenenamiento con vino común. Miles de personas viajan en transportes truchos, pero eso se sabe sólo después de un trágico accidente.

Miles de productos (cassettes, remeras, carísimos productos electrónicos) son apócrifos y hasta tienen una marca: Pirulo. Alrededor de eso se vive. Compramos trucho sin saber y a veces elegimos lo trucho porque al original no se llega. Por muchas razones el argentino hizo de la palabra trucho una de sus preferidas. Vive en un mundo trucho de los pies a la cabeza, que no tiene posibilidades de alterar y sí muchas chances de padecer. Durante años el ser nacional se sintió expresado con la palabra cambalache, y hoy, que debe vivir rodeado de valores y doublés más representativos y auténticos, la pala bra es trucho.

Abundan las personas que viven de las apariencias y sistemas políticos enteros se nutren de la continua falta de autenticidad. Existe incluso un truchaje oficial que lleva a denominar *menemtruchos* a unos billetes que

> Dame la manija dos meses y vas a ver si quedan chorros de pasacasetes.

fueron elaborados en la mismísima Casa de la Moneda. Pero en materia de trucheces políticas acaso la más sorprendente haya sido el descubrimiento de diputados truchos.

En una sesión de 1992 unos periodistas detectaron sentado en una banca, dando quórum (las bancas se accionan electrónicamente cuando los legisladores se sientan y marcan el tablero), a un hombre de edad, calvo y abatido. Nunca nadie lo había visto por ahí. Tenía un nombre y un apellido, pero desde entonces la imaginación popular y la prensa comenzaron a llamarlo "diputrucho". En la Argentina, el PT no es el partido de los trabajadores: es el Partido Trucho.

Pero la cosa no paró ahí: en estos últimos años hubo fiscales, jueces y abogados truchos, y falsos médicos que ejercieron como señores profesionales durante décadas y sólo habían cursado una materia. Hay un mundo trucho: desde transportes hasta remedios, desde locutorios hasta agencias de viaje. Por todo eso, es una de las expresiones estelares de esta década en la Argentina.

Los modos truchos de utilizar en publicidad vocablos como libertad y liberación, revolución y revolucionario les restan a estas palabras la imprescindible reputación, les sabotean el sentido y les cuestionan profundamente el significado.

Hay "planes de pago revolucionarios", "métodos revolucionarios para combatir la celulitis" o un nuevo limpiador de inodoros que "revoluciona todo lo conocido hasta el momento". Para los creativos, "la verdadera libertad" empieza en un par de zapatos; hay toallas higiénicas que proponen una nueva teología de la liberación menstrual (hasta ostentan la marca "Siempre Libre"), en tanto que una marca de jean femenino recomienda a la usuaria que "no renuncie a su libertad".

Zafar

Vivimos épocas en las que la cuestión no es estar mal o bien, categorías de extrema antigüedad si las hay para nosotros que somos tan modernos: el asunto consiste en desarrollar las artes más adecuadas y propicias para sobrevivir sin que haya que abonar costo extra. Y si se puede, pasarla bien. O un poquito mejor, sin un esfuerzo especial.

De un tiempo a esta parte, la tan común pregunta "¿Cómo estás?" es respondida así por muchos argentinos: "Y... zafando."

Zafar no es estar ni bien ni mal, sino atravesar un estado especial. Zafar es pegarla y es, en cualquier orden de la vida cotidiana, salvarse: por eso, el que no zafa, pierde.

Antes se le decía rebusque, yeite, ventajita; ahora zafar es una palabra totalizadora y sumamente representativa de los tiempos que se viven. Este verbo enlaza generaciones distintas, culturas diversas y representa cabalmente a muchos modos de pensar.

Zafan los estudiantes que aprueban la materia sin haber estudiado; zafan los que acertaron con la inversión del momento; zafa el que se fue a otro país y la pegó; zafa la que se divorció a tiempo. Se puede zafar por un corto período o para siempre, porque hasta del que deja este mundo se dice que zafó. Podría decirse que zafar consiste en la habilidad adecuada para la supervivencia.

2
(Duquesa)

Argentino básico (I)

Entre los más de 2.800 idiomas existentes y los más de 3.000 dialectos que hay en el mundo tenemos uno y lo hablamos, por lo que se ve (el hecho alegraría a Roberto Arlt), desde el mejor lugar: usándolo, disponiendo de él, transformándolo en un manojo de palabras renovable y vivaz.

Los que decimos hablar en castellano o español hablamos en realidad en argentino, aunque son visibles las diferencias entre un porteño de Barracas y un santiagueño de Atamisqui. Para no ponernos tan pretenciosos ni riesgosamente generalizadores, esto que se escucha en Buenos Aires es un nervioso promedio sacudido por modismos, realzado por metáforas, infiltrado por el idioma de las calles, las jergas de los grupos, matizado por el gauchesco y por los ríos inmigratorios, por el ves-

La nena no me come.

re y por el culto. Nuestras bocas se llenan con citas de la Biblia o sentencias de Perón, y lo que decimos suelen ser versos, refranes criollos o astutos productos de la sabiduría popular.

Hay muchos "hechos traumáticos" pero conviene "ir viéndolos" a su tiempo, "todo a su medida y armoniosamente". Por eso "no es cuestión de llorar sobre la leche derramada" ni "tomarse todo a pecho", "ojo por ojo, diente por diente". La vida misma es "un verdadero carnaval", no hay que "levantar la perdiz" para no "perder como en la guerra".

Tal vez para que nos quedemos un poco más tranquilos, en un estudio que dieron a conocer en 1987, las profesoras de letras Norma Mazzei y María Ester Mayor opinaron que "no hablamos ni bien ni mal, hablamos distinto. En Buenos Aires hay una continua necesidad de innovar y de modificar. En el caso de los porteños, la lengua no es sólo un instrumento para comunicar información: el porteño juega mucho más con las palabras".

Los últimos años consagraron la defenestración del trato de usted. "La oficialización del tuteo —apunta Ernesto Goldar, autor de un estupendo trabajo sobre la década del 50— indica los esfuerzos del porteño para terminar con su solemnidad." Qué decir de la modernidad y confianza de las vendedoras y los vendedores de boutique, que apenas el cliente pone un pie en el negocio lo reciben con un "¿Qué vas a llevar, gordo?". Ultimamente en nuestra manera de hablar se escuchan ríos de *shes* en lugar de *yes* bien puestas. Estiramos las frases como chicles, nos devoramos las *eses*, nos tragamos las *jotas* (lo cual no nos parece jodido) y enfatizamos las *enes* como nos enseñó el Gran Carlos.

Aparece el "Y bueno", imprevisto, en mitad de las frases; abusamos del "por ejemplo", y se *re*usan adverbios de modo terminados en *mente*, que para colmo, se usan "malísimamente mal", como aquella ciudadana a la que en un noticiero se la escuchó decir "sin dudamente". La gente habla a los gritos y no siempre se entiende mejor: "Se puso loco"; "Estuve en lo de tía"; "Si me hago tiempo te llamo"; "Voy del cardiólogo".

Palabras que indignan o palabras dignas

¿Qué es hablar bien? ¿Qué es hablar mal? El propio Borges dijo en una ocasión: "Si suena bien, está bien".

O como apuntó Roberto Arlt, que escribía con muchos errores ortográficos:

"Los pueblos bestias se perpetúan en su idioma. Como que, no teniendo ideas nuevas para expresar, no necesitan palabras nuevas o giros extraños. En cambio, los pueblos que como el nuestro, están en una continua evolución sacan palabras de todos los ángulos. Palabras que indignan a los profesores, como lo indigna a un profesor de boxeo europeo el hecho inconcebible de que un muchacho que boxea mal le rompa el alma a un alumno suyo que técnicamente es un pugilista. Me parece lógico que protesten, tienen derecho a ello ya que nadie les lleva el apunte porque no pueden obligarlos a decir o a escribir: 'Llevó a su boca un emparedado de jamón' en vez de decir 'se comió un sandwich'".

Hablamos como hablamos y por eso no es posible encajar nuestro idioma en preceptiva alguna. Pero, macho, ¿eso es bueno o es malo? Ni una cosa ni la otra. En todo

El peronismo se actualiza, licenciado
Por eso hemos adoptado un lenguaje
rejóven, recopante, rebueno, reforma
y reelección

caso, como dice el filósofo radial Bobby Flores, "cuando uno dice lo que no debe, escucha lo que no quiere".

Si el ejercicio consiste en escuchar, lo que se escucha es pobre pero vivaz, dispuesto aunque limitado, en permanente estado de renovación y bastante vacío, desparejo e ingenioso. Las parejas no se aman: se dan vuelta. La pálida deja a veces lugar para coparse y el chiflado o loco de antes dejó paso a ese menú de acepciones: reloco, del tomate, del gorro, de la cabeza, retornado, cromado, de la nuca. Los grandes critican a los chicos porque a cualquier cosa le anteponen la partícula *re*. Pero el hijo de un sociólogo observó con sagacidad que el lenguaje de su padre abundaba en términos como *re*formular, *re*pensar y *re*diseñar.

El fenómeno de la uniformidad del lenguaje atraviesa la sociedad, casi sin diferencias generacionales ni económicas. Chicos y grandes rematan con el "¿vistes?" y el che es suplantado por loco o boludo.

La invención es permanente. En la cola del teléfono público un joven le pide presuntamente a su esposa: "Me descuelgo tipo ocho: habilitáme una cenita". Para preguntar si en su casa no están las revistas de la semana la adolescente pregunta: "¿No sale una *Caras*, no sale una *Gente*?".

En barra, los muchachos se tratan con un "¿Qué hacés, campeón?", y "Nos estamos mirando" reemplaza al añejo chau o al "nos hablamos".

Una joven muy preocupada por su figura interroga: "¿Me notás mini más flaca?". Una madre elogia de este modo la belleza de su bebé: "Es divino máximo".

Década Palabra

En cada década hubo palabras reinas. Quieren decir lo mismo pero fueron cambiando con el tiempo. Las modifican el uso, el tiempo, las costumbres.

1940/1950	1960	1970	1980	1990
Neurastenia	Complejo	Depre	Bajoneo	Presión/Stress
Guita	Rupia	Mosca	Pesos	Millones de dólares
Un kilo	Cualquier cantidad	Cantidades industriales	Un toco	Un pedazo
Traidor	Bocina	El que prendió el ventilador	Converso	Arrepentido Testigo de identidad reservada

¿Las tenías?

"¿Vos lo tenías?... ¿Lo tenés?... Esa no la tengo", se usa para preguntar si alguien integra la lista de conocidos. "Te encargo lo del propóleo", se escuchó decir a un conocido músico de rock para ilustrar la dimensión de tanta gente muerta e intoxicada. "Me recabe cómo pensás", lo alabaron a Mario Pergolini por radio. Un simpático insulto muy usado es chabón o chabona (aunque también se usa como pibe o piba). *Mortal* define la medida de innumerables cosas: lo bueno, lo malo, lo que agota, lo que sorprende.

Agudo es un término con que se indica una presencia o ausencia de críticas. Alguien la pasó en la disco *agudo*: no estuvo feliz, pero "cero *agudo*" es todavía peor. "Reggae, porro y que me vengan a buscar las aves" debe ser considerado una flamante versión de "sexo, droga y rock and roll".

Una amiga me cuenta que sus dos hijos adolescentes la llaman *hermano* (sí, en masculino) pero que no se asombra porque al papá le dicen *vieja* (sí, en femenino). Y cuando se les interroga por tan extraña modalidad responden: "No nos van a hacer bardo por esto, ¿no?".

Total es sinónimo de amplia aprobación y fuerte acuerdo. Lo *copado* abarca un amplio e imaginativo universo.

"Lo conocí y me pareció re*copado*." La pálida quedó desplazada a expensas del mal*copado*.

Esta es la prueba de la enorme dinámica de nuestro lenguaje cuya renovación debe contarse por semana.

- El auge de términos de extraña construcción como *cansadelli* (por cansado); *aburridengui* (por aburrido), *fusiletti* (por fusilado, cansado), *nabex* (con acento en la e, por nabo), *loquillo* (por loco).
- Expresiones como *optifeliz* (tipo que no se hace problema y anda contento por la vida) y *antitalento* (un ser bastante negado pero al que le cuesta convencerse de que lo es).
- "Dormí sin frazada" por "Quedáte tranquilo", reiteradamente escuchado en boca del actor Ricardo Darín en el programa *Mi cuñado*. También el mismo actor en el mismo programa retoma una frase antes po-

pularizada por Carlín Calvo en *Amigos son los amigos*: "Vos fumá" en lugar de "No te preocupes por nada".
- El antiguo y cordial "Mirá el pajarito, nono" se ha convertido con la franqueza de los tiempos que corren en "Che, abuelo, cambiá esa cara de forro que te vamos a sacar una foto". Con el fin de solicitarles dinero, algunos adolescentes se dirigen de este modo a sus padres: "A ver, chabones, si me habilitan unas monedas" o "Largando unos centavitos, viejos".
- "Sacámela a bailar que yo estoy de sport" en lugar de "¿A quién le ganó?" o "¿Pero qué le pasa a esta boluda?". "Fulano no sale en las fotos" para dar a entender que alguien "No existe". Para dar cuenta de la honestidad de una persona se pregunta ahora: "¿Ya pagó fianza?".
- Al que se engancha en un proyecto sin que le dé el cuero para eso se le dice: "No te subas las medias que la foto es carnet", y hablando de fotos se acostumbra a decir "No te peines, que en esta foto no salís". También alude a "No hagas ese esfuerzo que es inútil". El otrora "No te tires que no hay pileta" fue sustituido por "No saltés que no hay charquito", y el "No te enganches, barrilete" suplanta al "No te hagas ilusiones que eso no es para vos".
- Los chicos del secundario, en lugar de decir "Voy a hacer pis" dicen "Me voy a echar un cloro". Los yuppies instalaron una nueva parafernalia verbal para cuando les toca dar cuenta de su agenda: "Me estoy yendo tipo mitad de semana, y estoy volviendo para el weekend". En las canchas ya no se dice "ese juga-

dor no me gusta", sino que fue reemplazado por "es una poronga".

- Varios de los conductores de una FM, con Lalo Mir a la cabeza, le aportan variantes al clásico saludo "¿Qué tal?". Ellos dicen, jugando con la afinidad sonora: "¿Qué acelga?"; replican "Virginia Luque" o *viento*, en lugar de bien.
- En el más reciente de los campeonatos de los calificativos, *joya* destronó a *chiche bombón*; la palabra *mega* ("El megashow se realizó en el estado mundialista") sacó de escena a *súper*, y el *fuck you* (que sin vaselina y con gesto de dedo mayor incluido introdujeron los Guns N' Roses) desplazó al clásico y efectivo "andá a la mierda". Los jóvenes se apoyan en una trinidad consumista lingüístico-ideológica: *transa, cigarro* y *birra*.
- Del mismo modo, en los últimos tiempos, *balín* superó a *trolo*.
- *Internar* ("Me encontré con Fulano y me *internó*") sobrepasó a *plomo*.
- *Volcó* (volverse loco o cambiar demasiado en muy corto tiempo) dejó atrás a *de la nuca*, y *trastornó* les ganó a ambas expresiones.
- *Aparatear* alude a una manera de hacer política, y *oscureció* a *chapear* y *rosquear*.
- *Bocha* o *muy bocha* reemplazó a *de diez*.
- *Cortadito*, para identificar a un antipático, le ganó a *agreta*, así como antes éste había superado a *cortar el rostro*. Pero el primer término fue reemplazado por *amargo* y *ortiba*.

Argentino Básico (II)

Cuando el lenguaje desciende de los barcos

Tres de las palabras más rutilantes de nuestra porteñidad nacieron en Europa: *guita* en España, *pibe* en Italia y *cana* en Francia. Y hasta *lunfardo* es alquilada. Según el teórico Amaro Villanueva, *lunfardo* es una deformación de *lombardo* (el natural de Lombardía), un término que, antes de que los napolitanos lo transportaran a la Argentina, en Italia significaba *ladrón*.

Si bien se desarrolló y fue inicialmente estudiado como idioma secreto, como una especie de jerga gremial de los chorros y defensa lingüística de los malvivientes ante la policía, el lunfardo es decididamente una instalación de los inmigrantes y de los que no tenían un mango.

Acerca de *mango* (peso, dinero) también hay polémica. Algunos piensan que proviene de apocopar una palabra de moda en el Río de la Plata a principios de siglo: *mangangás*. Y otros le dan crédito a otro origen: la palabra viene de *Marengo*, un lugar de Italia en donde Napoleón ganó una batalla a los austríacos que dio origen a una moneda de uso corriente denominada *il marenghi*. Muchos años después, los italianos que venían a vivir a la Argentina llegaban con una idea fija: que los *marengos* o *marenghis* (de los que, por recorte, surgiría *mango*) crecían en los árboles.

Con un poco más de treinta años sobre sus espaldas, la Academia Porteña del Lunfardo vigila lo que algunos llamaron "la orilla *non sancta* del idioma". Exhibido en tangos, difundido en sainetes y glosado en artículos periodísticos, el viejo, nuevo y novísimo lunfardo sigue siendo la forma de hablar más común del habitante de Buenos Aires y de muchas ciudades del país. Casi todas las palabras que entre 1913 y 1915 el diario *Crítica* presentó como pertenecientes al flamante lunfardo ya figuraban en diccionarios de argentinismos y en boca de todos los sectores sociales. También como un modo de dar razón a la frase identificatoria de la Academia: "El pueblo agranda el idioma".

Una mezcla monumental

Como bien dice el lingüista venezolano Arturo Uslar Pietri, "hablamos español, la lengua materna de cerca de 400 millones de seres humanos que viven en el costado iberoamericano del mundo". Y agrega otro dato: "muy probablemente, para el año 2000, de cada diez personas que tengan al español como su habla de origen, nueve no habrán nacido en España".

Lo que nosotros hablamos en este punto del Cono Sur se podría llamar argentino, aunque tampoco en estado puro, si es que tal estado y semejante pureza existieran. Rastreando en expresiones teatrales autóctonas de principios de siglo surge en los sainetes la figura del cocoliche, el inmigrante que con su afán de adaptarse y de disimular su extranjería hablaba todo mezclado y decía cosas así: "*Nosodre, lo crioyos... io sono argentino autótonos*". Antes que el término *cocoliche* fuera utilizado en el habla corriente como sinónimo de discurso extranjero inentendible, existió un tal Antonio Cocoliche, natural de Calabria, que trabajaba como empleado menor en el circo de los Podestá. Estos pioneros del teatro rioplatense por 1900 y pico se

Quedé fusilado.

divertían a costa del tano haciéndolo hablar en esa estrafalaria lengua medio italiana, medio argentina.

Otros términos se acuñaron debajo de las tolderías indígenas. La más típica acepción argentina en el mundo, el che, proviene del guaraní, quiere decir *mí*, y se utiliza como un pronombre personal. *Cancha* tiene origen quechua, lo mismo que *garúa*, y *gauchada* tiene origen araucano.

Palabras que parecen de inmaculada prosapia nacional son, en realidad, italianismos: *bacán, berretín, farabute*. Y como para probar que nadie inventó nada, reconocidas gemas de la corona lunfarda también bajaron de los barcos. *Biaba* y *chitrulo* subieron en Génova; *cotorro* y *pronto* embarcaron en las Islas Canarias; *cana* (*boullone cane*, boca llena, buchón) procede de Le Havre y *take care* (forma verbal americana que quiere decir *cuidado*) del que deriva el *dequera* o *dequerusa* armó valijas en Nueva York. El lenguaje ofrece mezclas monumentales. El porteñísimo saludo *chau* viene del *ciao* genovés, pero en el Noroeste argentino se utiliza la forma quechua *chau*, integrante de muchas palabras de uso común y actual como *chauchas*. Los tanos, los gallegos, los turcos, los rusos, los polacos, los viejos de nuestros viejos que alguna vez, allá lejos y hace tiempo, llegaron a su propio exilio en la Argentina, también debieron adaptarse al lenguaje y lo modificaron, primero que nada, para no pasar por otarios.

El lunfardo nuestro de cada día

En la década del 40, un secretario de Cultura de un gobierno de facto arremetió contra los tangos hablados en lunfardo. De un momento para el otro alguien pretendió que ya no se podía decir: "¿Dónde hay un *mango viejo* Gómez?", sino que debía preguntarse: "¿Dónde hay un *peso señor* Gómez?". En su libro *Picaresca criolla* el autor Tulio Carella comenta esta absurda necesidad de ser exactos (que dista largamente de la virtud de ser directos) a la española.

"Tangos en los que no se iba a poder decir más *compadrito* o *rea*, que deberían ser cambiados por *malvado* o *condenada*. El vocablo *chorra* tenía que traducirse por *ladrona* y el famoso 'Hacélo por la vieja' cambiaría por 'Hazlo por mamá'." Tampoco en este caso los rencores ideológicos se salieron con la suya. El increíble pero real propósito de llamar "El hogar de mis mayores" a ese himno que es "La casita de mis viejos" o suplantar al enjundioso "Percanta que me amuraste" por un aséptico "Señorita que me abandonaste" no prosperó ni en la conciencia voluntaria de los argentinos ni en el lenguaje de los porteños. Y, por suerte, aquel funcionario de la cultura de triste fama, que también prohibió durante un tiempo a Niní Marshall porque sostenía que sus personajes Catita y Cándida volvían ignorantes a las personas, ingresó en el salón de la fama de los despropósitos nacionales, y el lunfardo siguió en el lugar que merece en la sabiduría nacional.

A lo largo de los años muchos términos acuñados en los diferentes barrios del lunfardo se colaron sin pedir permiso en el habla cotidiana de la gente, desde *mina* hasta *jodéte*, de *atorrante* a *nabo*. Cualquier animador de TV o radio se gana fama de transgresor apelando al *bolonqui*, que todos sabemos lo que quiere decir aunque se diga al vesre.

Cuando el conductor de radio Norberto Verea parafrasea a un activista del heavy metal y dice: "Está todo bien, man. Nosotros nos escabiamos desde la mañana, nos hacemos un cóctel molotov de Rohipnol, de frente march y rompemos todo", está verbalizando una forma de lunfardo actual. Varias décadas antes esto mismo podría haberse dicho así: "No te calientes, pibe. Nos mamamos y entibiamos desde temprano, agarramos los rofies y armamos un flor de balurdo".

La primera mujer integrante de la Academia Porteña del Lunfardo, la poetisa Nyda Cuniberti, indica que antes el lunfardo era el lenguaje del ocultamiento, pero que ahora constituye sólo el vestigio de un pasado pintoresco y ya no oculta nada. "El lunfardo proviene básicamente de los inmigrantes que llegaban a los puertos. Y allí, en esa llegada, se produjo un proceso de información oral y auditiva. Los nativos, un poco fastidiados porque creían que el extranjero venía a quitarles su lugar, tomaban como chiste ciertas palabras y las transformaban fonéticamente. Y a los extranjeros les pasaba lo mismo: a partir de lo que escuchaban, de lo que entendían y de sus limitaciones expresivas armaban su propio idioma", explicó Cuniberti en una entrevista.

Cuando el idioma baja de los aviones

Los que por diversas razones a partir de la década del 70 se fueron a vivir a otro país y eligieron uno hispanoparlante nunca imaginaron que la versión local de la lengua común tuviera tantas diferencias. Para los que escriben, para quienes el lenguaje interviene decisivamente en sus oficios y profesiones, la necesidad de adaptarse resul-

¿Por qué le dicen "Alma de bandoneón" a Pardales? ¿Es muy tanguero?
No. Le dicen así porque se arruga en las peleas
fontanarrosa

tó una cuestión vital. Pero también lo fue para solventar las cuestiones más primarias y cotidianas. Poco después de llegar a México, una amiga le indicó a su ayudante doméstica:

—En la heladera hay choclos, zapallitos y batatas: me los pone a hervir como para hacer un puchero.

Ni siquiera sospechaba que se estaba por quedar sin comida. Cuando volvió, la chica no había preparado nada porque allá *heladera* se dice *refrigerador*, *choclo* se dice *elote*, *zapallito* se dice *calabacita* y *batata* se dice *camote*. Y ni hablar de *puchero*, un plato que por aquellas tierras se conoce como *cocido*. Lo que se dice, un joraca que ver.

El lenguaje, esa capacidad operada desde el cerebro con el que el humano expresa pesares y sentimientos, obligó al argentino fuera de su país a seleccionar las palabras a partir de su traducción, y esa duplicidad puso a prueba su sistema de lealtades. Los argentinos del exilio desparramaron por el mundo el CHEV (el virus del che), la palabra boludo y la muletilla ¿viste?, aplicable como pregunta al final de todas las frases. El dibujante Quino, que se hizo famoso en México, Colombia y Venezuela con sus libros de Mafalda, sembró innumerables dudas lingüísticas con términos o expresiones que utilizan sus personajes: ¡Qué lo tiró!; fiaca; pavote; ¡a la flauta!; patapúfete o ¡pucha digo! En el barrio chino de Barcelona hay un negocio de venta de bijouterie que se llama Boludeces, que para los españoles significa algo así como redondeces, y otro de ropa informal al que le pusieron Quilombo, que en realidad, a los oídos hispanos no quiere decir mucho, pero suena legítimamente a revoltijo.

Pero como bien dijo algún sabio: todo vuelve. En los últimos años se advierte con sorpresa que entre nosotros comenzó a hacerse frecuente el uso de términos muy comunes en España (movida, tío, tía, macho, ¿de qué viene la mano?, me la paso de puta madre) o en México (ameritar, huácala, piñata, vacacionar). ¿Los habrán traído de vuelta los argentinos luego de vivir en otros países o, en el caso de México, los responsables serán el programa de televisión del Chavo o las telenovelas? De mi experiencia de vivir en otro país descubrí que muchas veces el lenguaje resultó una prisión insólita, pero en otras resultó llave maestra para abrir una puerta por la que pudimos salir a jugar. Una inocente diversión consistió en enseñarles a los argentinos recién arribados o de paso en México el significado de algunas acepciones locales para nosotros cargadas de intención, como que allá *tornillo* se dice *pija*, al *dulce de leche* se lo llama *dulce de cajeta* o a alguien muy lento se lo califica como *conchudo*.

¡Qué cosa con el coso!

Con el Pera Piñols, un amigo catalán casado con una argentina que vivió en Buenos Aires, cambiamos impresiones sobre este tema del lenguaje propio y prestado, del uso que en la Argentina se le da al término comodín *coso, cosa* o *cosita* y sus sorprendentes experiencias en torno del verbo *coger*, de uso tan común en España y de aceptación tan comprometida en Argentina. Un día, apenas llegado, el Pera fue a bailar a un salón de tangos y al ver que la mujer a la que había invitado a bailar tomaba mucha distancia le recomendó: "Me puedes coger más fuerte si quieres". Observó la inmediata turbación de la dama, aceptó el equívoco y se disculpó. Ella respondió: "No es nada. Ya conozco cómo hablan los españoles". En otra ocasión cogió un taxi y le pidió al chofer: "Coja Angel Gallardo". El tío, porteño pierna, replicó: "Y, si se deja". Pera cuenta que desde que vive en Buenos Aires, automáticamente, cada vez que está por decir coger empieza a seleccionar otra palabra, como tomar o agarrar.

Observador por naturaleza, Pera descubrió varios términos que en España no se usan del mismo modo o que directamente tienen significados opuestos. Nuestro "baldear la vereda" en su país es "limpiar la acera", así como el *sodero* es el *sifonero*. Antes de estar casado con una argentina, Pera fue vecino en su Barcelona natal de argentinas y por medio de ese vínculo descubrió otra curiosidad de nuestro lenguaje: el uso de la palabra *coso* ("Alcanzáme el coso"; "Se rompió el cosito"; "El *coso* este", etc.). Cuenta que al principio pensó que coso "debía ser un tipo de recipiente. Después dije: coso es un sitio en donde se guardan elementos diversos. Hasta que un día entendí que coso se utilizaba también para identificar personas. Ahora, yo también lo utilizo como denominación multiuso, como palabra comodín que sirve tanto para nombrar al control remoto del televisor, a un par de medias, a un juguete de la niña, al albañil que llamó a casa excesivamente temprano o aquella contingencia poco común que le hace exclamar a uno: 'Pero qué cosa bárbara'".

3
(Tricota)

Aquí, señores, las cosas se hacen para decirlas

Kim Bassinger (o Claudia Schiffer o Julia Roberts, lo mismo da) naufraga con su barco y nadando llega a una isla que sólo en apariencia está desierta: allí vive otro náufrago como ella, pero en este caso un argentino. Se encuentran, se conocen, están solos y como es natural a los pocos días tienen un acercamiento sexual. En un momento de éxtasis ella le dice: "Pedíme lo que quieras". Entonces el argentino le hace una extraña solicitud: "Te pido que te disfraces de varón". Ella acepta, él le presta un traje, camisa, corbata, sombrero, le pinta unos bigotes y cuando están frente a frente como si estuvieran en una mesa de café, él le dice: "¿A que no sabés a quién me estoy cogiendo?".

Te prometo, mami, que ahora sí me pongo las pilas.

El chiste es un símbolo de que los argentinos no se pueden guardar nada, todo tienen que largarlo, batirlo, bocinarlo. En la Argentina parece que las cosas se hacen para luego, más temprano que tarde, poder ser dichas o contadas. Pero también se llega al extremo de que hay montones de cosas que basta decirlas para darlas por hechas: después se verá si las cosas se hacen o si se respalda con hechos lo dicho con palabras.

El mequetrefe que estuvo en el mismo restaurante a metros del hombre del momento o de la actriz de moda podrá darse dique al día siguiente diciendo: "te apuesto a que no te imaginás con quién cené anoche". Casi todo se hace por imagen: no hay que ser ni parecer. Bastará con tener imagen o, de lo contrario, comprarla hecha. Con razón o sin ella cualquier muerto de frío entibiará su corazón con el sueño de la fama y de la figuración.

Década Palabra

1940/1950	1960	1970	1980	1990
Extraordinario	Tipazo	Gran valor	Tigre	Fiera/ Fierita
Fenómeno	Bárbaro	Brutal	Maravilloso	Súper
Eminencia	Lumbrera	Bocho	Cráneo	Genio
Levantar la mano	Fajar	Pegar	Surtir	Embocar
Preciosa	Churro	Potra	Diosa	Esa mina no puede ser

País Lengua Larga

El nuestro se ha convertido en un país sin secretos. El gobierno confiesa que está muy preocupado por las filtraciones a la prensa de las reuniones de gabinete. Siempre hay una garganta profunda que revela hasta los bostezos y guiños de cada encuentro. Todo aquello que razonablemente debería constituirse en inexpugnable secreto de Estado es expuesto insolentemente, como en la feria. La tentación del reconocimiento público ha originado en el País Lengua Larga un nuevo tráfico que ninguna ley pena: la circulación de papeles y documentos secretos que cuando no corren, vuelan. Nada se pierde, todo se publica.

El "efecto prensa"

Prevalece la idea de que el mensaje y la fuerza de los medios superan el efecto y sentido del trabajo esforzado de las personas y sus personalidades. Lo real y doloroso es que ya nadie —ni el más virtuoso— se conforma con haber hecho algo, si sabe que después no contará con un espacio para poder difundirlo. En esto consiste un síndrome contemporáneo que azota almas y cerebros: el "efecto prensa".

¿Quién es capaz de llevarse una confidencia a la tumba? Esta fragilidad para resguardar una información era hasta hace algunos años cosa de los que brillaban en la farándula. Pero de esto se contagiaron los políticos que encontraron en el ejercicio del buchoneo una manera de

No uso forros porque yo sé como cuidarme.

trascender y una forma novedosa de eliminar a sus enemigos.

Cavallo afirmó que una información salida imprudentemente de la boquita de Bouer originó una importante corrida cambiaria que perjudicó a la Nación en una punta de millones de pesos, y vaya uno a saber a quién benefició. El director del diario *Ambito Financiero* se ufanó de haber obtenido con anterioridad, en el mercado de las bolsas livianas de cascos, los lineamientos del Plan Austral y los detalles anticipados del pacto entre Menem y Alfonsín.

No estar, no existir

Esta modalidad informativa desarrolla otra peligrosa característica que con el tiempo se convirtió en religión: todo aquello que no sale por televisión no existe.

Personas valiosas y muy respetables, realizadores de obras estupendas aprueban la superstición de que aquello que no pase por el microondas de la mediatización jamás fue hecho, escrito o pensado. Y si esto le pasa a los inteligentes de buen corazón, ni hablar de lo que les sucede con la necesidad de difusión a los chantas y rastacueros.

¿Cómo refutar estas difíciles ideas contemporáneas sin caer en el ridículo o en el patetismo de quien rema contra la corriente? A lo mejor pensando que existen personajes superfamosos, con un grado de presencia agotadora en los medios, de los que bien podría afirmarse que, como seres humanos, no existen. Nada tienen para ofrecer, nada valioso han hecho: son, únicamente, famosos. Si la chapa de existencia la confieren un espacio de televisión exitoso, un rating de 20 puntos para arriba o la frecuente exposición en todo tipo de medios, el suicidio del pobre Daniel Mendoza no tendría explicación lógica porque, al decir de la gente, "era un hombre que lo tenía todo", "era alguien al que no le faltaba nada".

El negocio de la impudicia

La batalla por estar —sea como fuere— en los medios desarrolló, en famosos o anónimos, otro signo de los tiempos: el negocio de la impudicia. Un hombre que acaba de balear a otro no se entrega a la policía sino a un animador de televisión en el estudio de un canal. Una mujer denuncia en los medios a un concejal y lo acusa de que, un día, el político la encerró en una oficina, se bajó los pantalones y le pidió que le chupara la pija. Todos se asombran pero nadie apaga. Todo es posible de ser dicho en los medios pero esto no conduce a una real liberación del lenguaje, aunque en radio y en TV se habla cada vez más parecido a lo que se escucha en la calle.

De mesa redonda en mesa redonda

Los caminos de la verbalidad son múltiples y van en aumento. No sólo se habla hasta por los codos en los medios, sino que cada mes se organizan centenares (¿o son miles?) de congresos, conferencias, seminarios, mesas redondas, discusiones, coloquios, exposiciones, paneles, polémicas, debates, estrenos, presentaciones de libros; una variante impúdica de la charleta en la que un grupo de personas, consagradas por la portación de un saber o de un conocimiento, se refieren a un tema previamente concer-

El poder y yo jamás nos entendimos.

tado. ¿Quién no ha intervenido en alguno de esos encuentros? ¿Quién no ha alternado en quince? ¿Quién no ha participado en cinco, en doscientos, en mil? Toda oportunidad es buena para probar que no todos tienen algo para decir. Que no siempre es admisible que abramos la boca. Antes que lo digan o piensen ustedes, voy a decirlo yo. Desde luego que peor que esta sociedad multiparlante y linguodependiente, pero en democracia y en libertad de expresión, es una sociedad enmudecida por el miedo y la represión, como lo fuimos en otros tiempos. A pesar de que tantos encuentros de este tipo invitan a la desconfianza a partir del argumento de que no todos pueden ser buenos, igual es muy positiva una sociedad en la que muchos de sus miembros estén pensando y reflexionando, para ahora o para lo que vendrá. Eso, creo yo, no está en discusión.

Lo que aquí se pretende señalar es el fenómeno de la polución palabreril, del exceso de dichos que no llegan a nada. Hay algo francamente curioso: como la cuestión de los medios de comunicación está en debate, e incluso de moda, ninguno de estos encuentros, sea el tema que fuere, omite una mesa en la que se vincule, forzadamente o no, el punto central con el de los medios: mujer y medios, droga y medios, sexualidad y medios, arquitectura gótica y medios, sandwiches de miga triples y medios, etc. Sucede que no en todos los casos aquella vinculación resulta natural y sencilla de aceptar y desarrollar. Y ahí, en parte, es donde empiezan las chantadas. En general, el recurso que encuentran los expositores es hablar de lo que tienen ganas, de lo que saben, intuyen o pueden. En última instancia, a nadie le importaba demasiado la conclusión, porque "lo que importa es que estemos aquí hablándolo".

¡Y no tenemos porqué soportar la sarta de sandeces que diga cualquier imbécil como usted!
Mejor nos vamos. El público de esta mesa redonda se está poniendo violento
Ese es el moderador
Fontanarrosa

Llamarse a silencio

El nuestro dejó de ser un territorio en el que sus habitantes se lleven demasiados secretos a la tumba. Por estómagos resfriados o por perversos o porque en el país de los rumores el que tiene un chisme es rey, todos abrimos la boca aun después de que prometimos no hacerlo. Guardar el secreto: una utopía de nuestro tiempo.

Vivimos en un sitio en donde las rencillas entre ministros o entre facciones son un pan cotidiano. La máxima autoridad del país —cuyas graves peleas con su ex esposa se vivieron como capítulos de telenovela— se va de boca al menos una vez al día y ningún desborde verbal tiene justificación o siquiera explicación. Los silencios ejemplares no cunden. Las bocas cerradas son una excepción, y radios y canales se transforman diariamente en voceros de una multitud que habla por hablar.

El respetable padre Hugo Mujica suele contar su fundacional experiencia de permanecer siete años en silencio dentro de un convento de monjes trapenses. El personaje que hace Federico Luppi en la memorable película de Adolfo Aristarain *Tiempo de revancha* se corta la lengua como una formal decisión de devorarse un secreto.

Los montoneros no esperaron el juicio de la historia, ni tampoco otro, para contar con lujo de detalles que ellos habían matado a Aramburu. Lo que ganaron es que después de eso no hubiera crimen o violencia de esos años que no les adjudicaran. En esos mismos años de plomo, mediante el recurso de torturas feroces, las fuerzas armadas obligaron a abrir la boca a más de un militante que había hecho del silencio un valor preciado y un reaseguro de su vida y de la de los demás.

De la democracia para aquí, el de los medios de comunicación se convirtió en un escenario para que cualquiera hable hasta por los codos y encuentre en la chamuyeta indiscriminada el modo ideal para justificar lo que hizo y, peor aún, hasta lo que nunca hará.

Y ya que éramos muchos los lenguaraces, parieron los arrepentidos, esa moderna versión de los alcahuetes. Quien dijo que el hombre es dueño de sus silencios en tanto y en cuanto haya aprendido a callar no se equivocó. Y el que pensó que si habla de más la persona puede convertirse en esclava de sus propias palabras debe ser un argentino que más de una vez por la boca murió.

4
(Cuatrochi)

Con la misma boquita

Con su misma boquita alguien en sociedades como las nuestras es capaz de decir "ser joven es un pecado" y "ser joven es un privilegio". No faltará quien afirme que "el teatro no va más" y que "la crisis del teatro es de propuestas". En un debate los empresarios e industriales se llenarán la boca diciendo que "creen en el país" pero luego se sabrá por la DGI que muy pocos pagan sus impuestos. Extraño modo de creer.
En cada bloque el noticiero de un canal de televisión inocula dosis de desesperanza y muestra una realidad exasperada y violenta, pero en los cortes compensa afirmando que transmite desde Buenos Aires, el mejor país del mundo. Luego de perder con Camerún en el partido inaugural del Mundial del '90 alguien dice: "A Bilardo hay

que echarlo ya". A los pocos días, tras eliminar a Brasil del campeonato, el mismo escéptico afirmará: "Grande, narigón". Un ministro de Economía diciendo en un mismo discurso que "el año venidero va a ser muy difícil" y que "aunque no se note el país va mejorando" es cabal ejemplo de los que se van de boquita.

- A veces cuando no protesta, se la come y se calla la boca, a la gente le dicen "la mayoría silenciosa". Pero si grita, si despotrica, si arma despelote, se engloba como en una condena: "El público se hizo oír".
- Cuando los jugadores de fútbol llegan al nuevo club recién transferidos y con el contrato que acaban de firmar sueltan la frasecita: "Vengo para darle satisfacciones a esta hinchada maravillosa". Cuando no pegan una porque de satisfacciones ni hablar, el tono cambia: "No entiendo a la hinchada. Creen que silbando van a solucionar los problemas del plantel. Están muy equivocados".
- Cuando un artista se siente aceptado sostiene que el público es único y hasta el mejor del mundo. Cuando las cosas no le salen tan de rechupete filosofa: "Si hay algo que los argentinos no soportan es el éxito de un compatriota".
- Con la misma boquita un periodista califica que las agresiones fueron obra de "un grupito de inadaptados" o que la obra es la creación de "un excelente grupo humano".

—¿Qué harías para perfeccionar la televisión argentina?
—Como infraestructura ATC es un ejemplo de canal en cualquier lugar del mundo. Y dentro de nuestra TV, el

"No podemos vencer las pasiones pero sí dominarlas". Es una cita de Séneca. ¿Le gustan las citas?
Me encantan
Porque conozco una casa de citas...

programa que hacemos es excelente. De Brasil vinieron a copiarlo. En el canal 41 de los Estados Unidos romperíamos todo.
(Silvia Fernández Barrios, revista *La Semana*, en 1981, cuando ella trabajaba en ATC.)

—¿Cómo ves la televisión?
—Nuestra TV está mal porque el país está mal... Hay errores... en primer lugar, que sea estatal. No lo saben hacer. Pierden plata. ATC tiene un presupuesto mayor que el de la provincia de Tierra del Fuego. Eso es inmoral, es un delito.
(Silvia Fernández Barrios, revista *Gente*, en 1987, cuando ella ya no trabajaba en ATC.)

- Con la misma boquita un taxista comentará: "Es una vergüenza lo que están haciendo con los jubilados. Pobres abuelitos". Pero una movilización de abuelitos obstruye una avenida por la que tiene que pasar, y molesto con retraso el mismo tachero dirá: "¿Otra vez salieron estos viejos de mierda? Vamos, abuelos, vayan a dormir la siesta y dejen pasar".

Yo me debo a mi público

¡Ay, *público*!: cuántas perradas se dicen, piensan y cometen en tu pobre y santo nombre. Al público algunos lo llaman el soberano; otros próceres de la animación le baten su majestad y otros lo camelean con una mención pomposa: único juez. Hay un gran público y un público menor, y no pocos mencionan al espectador como el monstruo de mil cabezas. En ciertos ambientes se le dice la gilada, y de la televisión procede uno de los calificativos más famosos: Doña Rosa.

Los que están en el negocio afirman que hay un público de antes y un público de ahora; un público joven y un publico viejo; un público de días hábiles y otro de fines de semana. También se escucha decir que Alfredo Alcón o Mirtha Legrand tienen su público. Los actores mencionarán que en tal o cual función hubo buen público, y en otra, a lo mejor en la siguiente, hubo un público muy frío. Hay un público de mayorías y otro de elites.

En ocasiones los empresarios y publicistas utilizan al público como argumento comercial: "El público dijo sí", suelen comentar sus avisos. Pero cuando una obra debe bajar de cartel porque no va nadie argumentan: "¿Y el público qué sabe?". Cuando una obra es horrible pero igual tiene éxito, frente a una crítica desfavorable apuntan: "El crítico no puede decir que no a algo que el público dijo que sí". Cuando el suceso llega de chiripa no faltará quien diga: "El público es tan impredecible, nunca se sabe cuándo va a poner su pulgar para arriba". De este mundo del espectáculo procede ese aserto que dice: "Hay que darle al público lo que el público quiere". Y están los otros que creen que hay público para todo. Para todos los bodrios y todos los excesos. O los que utilizan con frecuencia la frase: "Será el público el que, como siempre, diga la palabra final".

Década Palabra

Una evolución de actividades que también explica el paso de los tiempos.

1950	1960	1980	1990
Berreta	Fayuto	Malerba	Trucho

1960: psicoanálisis individual, cuanto más ortodoxo, mejor
1970: psicoanálisis de grupo, cuanto más en contra de lo establecido, más divertido
1980: hiperventilación
1990: insight, Gestalt pero también brujería (vivencia, tarot, I Ching y otras "ciencias")

1910: Burdel	**1960:** Hotel alojamiento
1920: Quilombo	**1970:** Albergue transitorio
1930: Cotorro	**1980:** Saunas
1940: Bulín	**1990:** Casa de masajes
1950: Amueblada	

El hijo de la pavota: más que un insulto, todo un sentimiento. El olvidado, el postergado, el gil de cuarta, el último orejón del tarro. "Pero, ¿por quién me tomás? ¿Te creés que soy el hijo de la pavota?"

5
(Quiñones)

Lo que ya no quiere decir casi nada

Bien... o querés que te cuente

En la Argentina de hoy hasta la mínima demostración de interés por el prójimo perdió candor y trivialidad. Las posibles respuestas convencionales a una de las preguntas más inocentes —¿Cómo te va?— vienen cargadas de intención, escepticismo o ironía.

¿Qué quiere decir, en este achicamiento sorprendente, que alguien diga "estoy bien" o "estoy mal"? ¿Qué agrega? ¿Qué omite? Realmente poco. Entonces lo que se hace es agudizar el ingenio para encontrar respuestas a la crisis: "Mejor... mejor no hablar"; "De éxito en éxito"; "Y... dentro de la extrema humildad del conjunto"; "Ahí ando, pateando cadáveres"; "No es fácil lo mío". Sea como sea

Lugar común: sincero agradecimiento.

prácticamente nadie responde bien. Como lo que viene incorporado es el mal, algunos, desde la ironía, exageran diciendo que les va "muy pero muy bien".

Pero entre todas las respuestas hay una que ya cobró carácter clásico: "Bien... ¿o querés que te cuente?". La salida admite —como se dice ahora— dos lecturas. La primera es que a casi nadie le va bien y la segunda es que nadie quiere que le cuenten. Porque se le teme a la pálida y a quedarse pegado a ella y porque tampoco hay tiempo para ocuparse de los demás. Qué lástima: una de las preguntas más simples que había quedó convertida en puerta de entrada a dramas y confesiones inéditas. Ya no se dice: "Me va bien". Ahora se pregunta en un tono irónico y de desafío: "¿Tenés dos semanas para sentarte a escucharme?".

El adverbio de aprobación y asentimiento "bien" perdió su peso específico. Su simple y sencilla mención no resulta verosímil y entonces se lo carga de aclaraciones. La prueba está en estos diálogos y respuestas escuchadas al pasar.

Diálogo 1
—¿Cómo estás?
—Bien... buehhhh, bien es un decir. Con todo esto que pasa, ¿quién puede estar bien?

Diálogo 2
—¿Cómo te va?
—A mí bien, pero el país no acompaña.

Diálogo 3
—¿Qué hacés?
—Bien.
—¡Fanfarrón! (O si no: ¿Me firmás un autógrafo?)

Diálogo 4
—¿Cómo andan tus cosas?
—Mal, pero acostumbrado.

Divertido e importante pero, por suerte, objetivo

Resulta curioso el uso que se le da al término *divertido*, porque hasta un drama puede ser calificado de ese modo. Divertida puede ser una alegría fuera de lo común pero también la manera de calificar a un suceso insólito y hasta penoso. El dibujante Landrú, la artista plástica Marta Minujín, el escritor Dalmiro Sáenz y el arquitecto Rodolfo Levingston suelen utilizar la palabra divertido como término comodín y multifuncional. Cosas interesantes, sucesos de diversa complejidad, situaciones que llaman la atención o resultan francamente sorprendentes pueden ser calificadas como divertidas.

Si hasta un episodio angustiante puede resultar divertido, ni hablar del uso del término *interesante*. Es, en general, aquello que provoca interés, pero también un modo algo piadoso de calificar. Merecen el mote de interesantes películas sin ton ni son, las obras de teatro insoportables, las frases huecas y las minas feas. Otra palabra que perdió consistencia es la importante palabra *importante* y hoy en día acusa la importancia del multiuso y la multifuncionalidad. Hay noticias importantes, daños cerebrales importantes, comidas importantes y hasta culos importantes.

Alude, en origen, a un típico deseo de los nacidos en estas tierras: tener una importante figuración, hacer algo importante. Por otro lado, ya está comprobado que no siempre ser alguien importante es ser alguien. Cada vez impor-

Lugar común: apretada síntesis.

tan más los objetos (y si son importados, mejor) y se vuelven menos importantes las personas.
Otro formidable verso contemporáneo es el de la *objetividad*. "Objetivamente hablando" quiere decir, con toda frecuencia, "llevar agua para mi molino tratando de que nadie se dé cuenta". Créase o no, todavía hay periodistas que afirman ser objetivos. Quiere decir que no induce opiniones, está dicho con distancia, es pura información. "Usted en esto aparece muy subjetivo", se señala como reproche. Una variante de subjetividad: "Aquí se politiza todo". En algunos gobiernos militares, la palabra *objetivos* sustituyó a *plazos*. "No tenemos plazos, tenemos objetivos". A veces, ser objetivo remite a otras dos palabras que empiezan con o: *oso* y *otario* (hacerse el). Para que se quede más tranquilo le informo, lector, que este libro no tiene nada de objetivo.

Década Palabra

1950	1960	1980	1990
Fané	Achacado	Palmado	Fusilado
		Bocina	
			Imbancable
Colifato			
Finíshela			

Pruebe, juegue, acierte y complete los siguientes casilleros eligiendo del siguiente grupo de palabras: Cortála - Rayado - Pesado - Batilana - Plomo - De la cabeza - Buchón - Pará la mano - Piantado - Insufrible - Estómago resfriado - Acabála.
Solución al final del capítulo.

Pienso que una de las mayores virtudes de un político es su adaptación a las circunstancias. Yo, por ejemplo, mañana mismo, puedo decir que no dije nada de esto que le he dicho hoy
fontanarrosa

Duro, pero duro duro

Atravesamos una situación a veces muy dura, en ocasiones durísima. Todos lo sabemos, decimos y sentimos, pero, ¿en qué quedó convertido el adjetivo *duro* en el marco de esta crisis? ¿Sobre qué medidas de lo duro o lo blando conocido nos apoyamos para entenderlo, proclamarlo y sufrirlo?

Es probable que hoy por hoy duro no quiera decir prácticamente nada. Según el diccionario —oh curiosidades de las palabras— duro y *doloroso* son sinónimos y también lo son duro y *despiadado*, duro e *insensible*, duro y *cruel*. Para seguir jugando al diccionario podríamos decir que la vida se vuelve difícil de penetrar, poco blanda, intolerante, severa, de corazón áspero. O lo que es igual: dura.

Uno dice duro, porque todo es tan sorprendente que no sabe qué decir y porque dura es la consistencia de sueños que siempre terminan sobre una pared de cerrado granito. Piensa y siente duro porque se incluye en una situación que promete durar pero en la que no sabe si podrá ser tan perdurable como un plato durax o si cuando se quiebre lo reconstituirá una cinta durex. *Dura lex, sed lex*, afirma el proverbio. Sólo esa circunstancia, que la dura ley sea pareja para todos, podría convertir la realidad en almohadón reparador. Saber que hay privilegios y que no todos lo pasan igualmente duro sería motivo para sentirla todavía más dura. Acaso esta dureza haya venido por haber sido demasiado blandos o tal vez por cabezas duras. Ahora, se dice, tendremos que darle duro y parejo entre todos para ver si a duras penas salimos de esta situación que es más difícil que comerse veinte huevos duros al hilo. Aunque, bien se sabe, para el hambre no hay pan duro. Lo duro es lo posible que ha desaparecido de nuestra vida. Lo duro es el nuevo paisaje que todavía no aparece. Lo duro es aprender a vivir en el achicamiento. Lo duro es esta dureza, un hueso muy duro de roer.

SOLUCIÓN DÉCADA PALABRA

1950	1960	1980	1990
Fané	Achacado	Palmado	Fusilado
Batilana	Estómago resfriado	Bocina	Buchón
Pesado	Insufrible	Plomo	Imbancable
Colifato	Piantado	Rayado	De la cabeza
Finíshela	Acabála	Pará la mano	Cortála

(Ezeiza)

Meta metáforas

La licenciada en Letras Mayte Alvarado dice que las distintas disciplinas científicas aportaron vocablos propios a otros campos permitiendo el establecimiento de un amplio sistema de metáforas. La mecánica —apunta— plagó el discurso de las ciencias sociales y políticas de palancas, resortes y engranajes. La biología aportó *organismos, anticuerpos, antídotos* y *virulencia*. La química llegó con *precipitaciones, neutralizando* o *corroyendo*. La electrónica hizo posible *emitir, amplificar, codificar* y hasta "tener buenas y malas ondas". La informática —concluye— permitió a cualquier hijo de vecino que *optimice* y *minimice*.

Nuestra manera de hablar está repleta de vocablos y expresiones de diversos campos. Las que siguen son muestras de este amplio y en ocasiones rico intercambio de metáforas que, como si fuera uno de esos juegos de armar, se van poniendo y sacando del diccionario verbal.

Década Palabra

1950	1960	1980	1990
Amargado			
		Ya	
			Manda cualquiera
		Chabón	
	Papa frita		
			Aguantar

Pruebe, juegue, acierte y complete los casilleros eligiendo del siguiente grupo de palabras: Mufado - Forro - Sufrir - Divague - Agreta - Zafar - Salame - De una - Gil - Llorar - Nabo - Pronto - Perejil - Queso - Rápido - Caracúlico - No batir la justa - Mostrarla cambiada
Solución al final del capítulo.

Ingenieros y médicos

- Los resortes del poder.
- Las palancas constitucionales.
- Los conflictos se traban y se destraban.
- Los mecanismos se aceitan.
- El Presidente apretó el acelerador a fondo.
- Ajustó las tuercas.
- Evitó las roscas.
- No torcerle los brazos al gobierno.
- La sociedad pone los pulgares hacia abajo.
- Dar una mano.

- Tener muñeca, demostrar cintura política, jugarse la cabeza.
- Auscultó la situación.
- La taquicardia de los mercados económicos.
- Desde las entrañas del poder.
- Pertenece al riñón del radicalismo.
- Una serie de hechos propiciaron la fractura.
- La medida apuntó al corazón del sistema.
- Por fuerza el plan nació prematuro.
- El ministro atraviesa una situación embarazosa.
- El intento de golpe se abortó.
- El funcionario del banco sufrió como una madre hasta aclarar la situación.
- En la Capital Federal les resulta muy difícil cortar el cordón umbilical.
- El proceso hasta llegar a la votación fue un parto de nalgas.

Sale con fritas

A veces la política es el arte de lo posible, en ocasiones es un eficaz modo de organizar la sociedad, pero en otras parece un "gran manual de nutrición". Se habla de realidades *indigestas*, se destapan *ollas*, los proyectos se *congelan* en el *freezer* (el mismo sitio a donde se envía a hibernar a muchos políticos) y hay *ñoquis* de sobra no sólo los días 29.

Algunos de los políticos nos patean el *hígado* tal vez porque son un *flan* o porque no ponen todos los *huevos* en la misma canasta. No pocos *cocinan* acuerdos, nos tiran una *zanahoria* creyendo que somos nabos y se quedan con todo el *dulce*.

A mí que me dejen hacer la mía y que no me jodan.

La cocina de los hechos

- El diputado saltó como leche hervida.
- No llorar sobre la leche derramada.
- La clase media es el jamón del sandwich.
- Demostró estar en la cocina de los hechos.
- Rostros avinagrados se vieron en el Ministerio.
- Revolver el estofado, estar frito.

No comemos vidrio

- Para no tragarse un sapo.
- Meter toda la carne en el asador.
- La verdad de la milanesa.
- Pura cáscara.
- El pescado sin vender.
- La sartén por el mango.

El teatro de los hechos

Hoy en día la política y la farándula andan por caminos tan parecidos que suelen ser una misma cosa. Por eso suelen mezclarse y encontrarse en un jetset muy particular. Los artistas se erigen en candidatos y los políticos hacen de humoristas en la televisión y actúan a la par de los cómicos.

A veces suele ocurrir al abrir una revista o al sintonizar un programa: uno dice, ¿dónde vi yo esa cara? ¿en la Cámara de Diputados o en una telenovela? Por eso mismo es que también el lenguaje de la política se llena de términos teatrales, de la cultura y del espectáculo.

Los políticos "ensayan teorías", sienten a veces que hay un "telón de fondo", aprenden a hacer oportunos mutis por el foro y en no pocas ocasiones son acusados de "robar cámara". El recinto desde el que operan se denomina "escenario de los acontecimientos", se colocan un *cassette* para responder y con frecuencia *maquillan* sus informaciones. ¿Y todo para qué?: para conseguir un *aplauso* cada tanto y sobre todo para "no bajar de cartel" antes de tiempo.

También del espectáculo proceden términos utilizados como metáforas en el análisis político o económico. Durante la guerra de las Malvinas a la zona de combate se la bautizó "teatro de operaciones". La realidad se plantea sobre un "escenario político" y lo que sucede merecerá ser calificado con algunos de estos géneros: *farsa*, *tragedia* o *vodevil*, aunque muchos coinciden en que si la actualidad nacional respondiera a un género ése sería la *tragicomedia*, si bien hubo ocasiones en que se definió cercana al *corso* o al *carnaval*.

Pelotazo en contra

Hace poco el columnista político Ricardo Kirschbaum sostuvo que al presidente Menem le gusta dividir los tiempos de la política como si fueran los de un partido de fútbol. El primer tiempo es para hacerse dueño de la pelota con sabiduría y con tranquilidad y el segundo, según el resultado del momento, para determinar cambio de jugadores y de tácticas.

"Esa medida impositiva fue un golazo"; las "declaraciones del nuevo secretario de Estado fueron un tiro por elevación a las anteriores autoridades" o "estamos

Si usted se hubiera dedicado a la política, licenciado, no dudo que hubiera sido un digno contrincante dialéctico de Fidel
¿De Fidel Castro?
No. De Fidel Pintos
Fontanarrosa

gambeteando las dificultades" son algunas frases que delatan la penetración e importancia de la metáfora futbolística-deportiva en la vida de funcionarios y estadistas. "Hay que parar la pelota", aconseja un ministro que en ocasiones no la ve ni cuadrada. "Estamos muy cerca de conseguir el mejor resultado", define un secretario al regresar de su última gira por el exterior. Lo cierto es que los políticos "entran al terreno", "dan pases equivocados" y "aguantan atrás cuando el partido viene difícil". Y no es lo único para los astros del arte de lo posible: "tienen cintura", "observan con panorama", "atajan todo lo que les tiran", a veces "defienden exitosamente sus colores, pero en otras "les toca perder por paliza".

En el campeonato de los dimes y diretes no siempre tienen partidos fáciles. Es terrible para un político no andar primero ser sorprendido en *offside* y que le terminen sacando *tarjeta roja*. No ponerse la camiseta, o no transpirarla, será motivo más que suficiente para echarse la hinchada encima y que de un partido para el otro se les convierta en un pelotazo en contra.

Titanes en el ring

En un estilo de hacer política más parecido a una disputa desencajada que a otra cosa, no es extraño que muchas expresiones del periodismo para ilustrar acciones políticas o económicas provengan de la terminología bélica, policial, boxística o violenta en general: *saqueo*, "combate a la corrupción", "preparados para la próxima batalla", "descubrir la pólvora", "comandar el operativo", la iden-

"Con Garombol, todo me chupa un huevo." (Personaje de Cha Cha Cha)

tificación de los funcionarios como "pesos pesados".

"Pelea de semifondo", titula su editorial el periodista Joaquín Morales Solá y en su nota alude al sonado incidente entre el ex ministro Cavallo y el "joven sobresaliente" Martín Redrado. En esa crónica habla de "tensa pulseada", "roces", y decreta una "derrota" de Cavallo. La ilustración elegida es la de los gallos de riña y el análisis incluye la visión boxística de un allegado al ex ministro: "Redrado aguantó diez rounds frente a un peso pesado y no lo noqueó. Ganó".

Clarín, por su parte, opina que Cavallo colocó a Redrado entre la espada y la pared, y desarrolla la idea de que el ex titular de la Bolsa de Valores deberá digerir la andanada aunque por un tiempo permanecerá malherido. En esos mismos días otro diario titula: "La sangre no llegó a la Bolsa" y casi todos mencionan el asunto como enfrentamiento.

Las metáforas son gratis pero jamás casuales. Quieren decir, por ejemplo, que muchos aspectos de la política huelen a encontronazo violento, a zancadilla, a despiadada lucha de todos contra todos. Por eso cuando la política tiende a parecerse a la guerra (sucia), hay divisiones, la realidad es mirada por bandos y grupos, dirimen ejércitos enemigos y muchos blancos móviles deben detectar los detonantes de la crisis.

Dime cómo hablas y te diré de qué metáforas vienes

El ministro, viejo zorro de la política, embistió a fondo, dispuesto a asumir que había densos nubarrones en el gabinete. Pero de peores frentes de tormenta había salido indemne tirando con munición gruesa. Siempre que llovió paró, se dijo. Con ojo de águila, volvió a elegir entre ser color de león o cabeza de ratón. Le parecía injusto que lo atacaran justamente a él, que había trabajado como un burro. Tenía que tomar la decisión: patear ese nido de víboras y empezar a contraatacar a ese sector que últimamente lo había atacado a lo bestia. Le habían dado máquina, quisieron dejarlo pegado, mandarlo debajo del camión. Pero, nobleza obliga, la sangre no llegó al río y finalmente, quedó como un conde.

Solución Década Palabra

1950	1960	1980	1990
Amargado	Mufado	Caracúlico	Agreta
Pronto	Rápido	Ya	De una
No batir la justa	Mostrarla cambiada	Divague	Manda cualquiera
Salame	Perejil	Chabón	Nabo (Nabex)
Gil	Papa frita	Queso	Forro
Sufrir	Llorar	Zafar	Aguantar

Mire...yo no conozco bien el discurso del diputado García...Pero me parece que está improvisando
Yo le voy a conteeestar yo le voy a conteestar claramente y sin apuro.....

7
(Setiembre)

Entre la vida, la muerte y Dios (mío)

Si hay una palabra con la que mantenemos una relación de años es *crisis*. No es para menos, habitando una nación que vive en estado de crisis prácticamente desde 1810. Desde la Primera Junta para aquí hemos entrado y salido de innumerables crisis: económicas, sociales, militares, de valores ("Lo mismo un burro que un gran profesor"), de dirigentes. Atravesamos crisis graves y crisis de crecimiento; coyunturales etapas críticas que nos pusieron tan cerca del apocalipsis y tan lejos de la gloria.

Uf con esta crisis que anda por todos lados: en la educación, en las provincias, en la cultura, en el campo, en el fútbol, en la familia y desde luego también en el lenguaje. El decente es un ingenuo o alguien pasado de moda que desconoce el mundo que le toca vivir ("El que no llora no mama y el que no afana es un gil"). El utópico es un cándido que no sabe dónde está parado.

Siempre y cuando no maten a quien atraviesan, las crisis pueden tener una cara feliz posible. Pueden instalar en otro sitio a las personas y a las instituciones, son capaces de resolver y de generar y alentar cambios. Muchos representan a la crisis mediante un túnel largo y oscuro dentro del que todo se ve negro o a lo sumo gris, y difícilmente puede percibirse la pálida lucecita que algunos fantasiosos sitúan al final del camino.

Si bien la *pálida*, uno de los términos más difundidos de los últimos años, proviene del submundo de la droga y alude al declive psicofísico inmediatamente posterior al efecto del químico ingerido, también se refiere a quedarse sin colores, a estar en blanco, a sentir una suma de padecimientos fuertemente evocadores de la muerte. La pálida es la crisis, el bajón, así como crisis es por definición lo que todavía no está construido.

Cuando los economistas propician ese cruel eufemismo que consiste en decir que la convertibilidad es un "ajuste con rostro humano", no sólo saben que mienten, sino que están obligados a hacerlo para no tropezar con los miedos y los dolores que provoca el ajuste. Cuando los militares difunden el concepto de "guerra sucia" propician eludir la referencia a las miles de ejecuciones ilegales que realizaron sin juicio alguno en los tiempos de la última dictadura. No son pocos los especialistas en el tema del lenguaje que coinciden en que las expresiones como "mató" o "mató mil" surgieron en 1976, cuando el peligro de la muerte se tornó una experiencia cotidiana y en una crisis de revolución casi imposible. Pero, con represión o sin ella, la cuestión de la muerte figura en el habla de todos los días ("Me muero por ese tipo") y en el de la publicidad, en donde hay pantalones matadores y colonias que matan.

En los últimos años se puso de moda entre artistas y creadores una frase que ya se erigió en lugar común cultural. De quien primero la leí fue de Gabriel García Márquez, que para contestar a ese otro monumental lugar común periodístico que consiste en preguntarle a un escritor: "Y usted, ¿para qué escribe?", respondió: "Yo escribo como un modo de desafiar a la muerte". A partir de él yo leí y escuché numerosas versiones de ese original en las bocas más diversas. Desde jugadores compulsivos que afirmaban que apostaban hasta lo que no tenían para vencer a la muerte hasta cantantes de rock que afirmaban que el principal sentido de sus vidas era eludir a la Parca. En una deliciosa película norteamericana llamada *Hechizo de luna*, uno de los personajes femeninos se pregunta por qué los hombres meten los cuernos a las mujeres. Una voz masculina le acerca una explicación: "Lo hacemos por temor a la muerte". A lo que la mujer responde con sabiduría: "Estás perdido, aunque me metas los cuernos igual un día te vas a morir".

Como que hay un Dios

Entre un mi Dios y un Dios mío, *Dios* es mentado en la Argentina de hoy para hablar y pensar acerca de la irracionalidad y de la injusticia. Con eso buscamos un reparo, o ponerle cara de ángel a lo que sucede, que a veces ni Dios lo entiende.

Cuando algo nos defrauda, o nos irrita o nos desubica

clamamos: ¡Ay, Dios!, que es a la vez imprecación, ruego y demanda de último momento pero es también puesta a prueba de una existencia. Parece que cuando decimos ¡Ay, Dios! estamos preguntándonos ¿Hay Dios? o desafiando con un afirmativo ¡Hay Dios!

Cada vez que una estrella de la farándula, o militares y agentes de seguridad que reprimieron, mataron o hicieron secuestros extorsivos se encontraron en un brete para defenderse dijeron: "Creo en Dios y en la justicia". O, peor todavía, cuando después de superar la experiencia carcelaria los inculpados proclaman: "He visto a Dios". Uy, pobre Dios, en qué boca te has metido, cuando para tapar responsabilidades, atropellos, delitos y otras yerbas se invoca a Dios como fuente de toda razón y justicia.

Allí donde las explicaciones se apagan, se enciende la exclamación: ¡Ay, Dios!, o la interjección ¡Dios mío!, que viene a ser una manera de apoderarse del Todopoderoso para demostrar enojo, horror, asombro, sobresalto, dolor, perplejidad, extrañeza y otros variados sentimientos nacionales. Al fin del día, sin sospecharlo, regresamos cien veces a la fuente suprema. Dios mediante, y sin por eso volvernos más religiosos, intentamos entender un poco más lo que pasa y sentirnos menos colgados de la cruz de las contradicciones.

Hace mucho tiempo que andamos a la buena de Dios. Con ganas enormes de hacerle un flor de pagadiós al máximo acreedor (Dios, no: el FMI), pero sólo si Dios y Brady son grandes ("Esta te pido Diosito") liquidaremos la gran deuda que todos los deudos argentinos compartimos.

Hoy ya sabemos que no es cierto que al que madruga

"Es un poco como mucho, ¿viste?." (Actor de TV al recibir un Martín Fierro)

Dios lo ayuda. Cada tanto la mezquina realidad nos palmea el hombro y nos manda: "Vaya con Dios", que probablemente sea el sitio aquel en donde Dios los cría y ellos se juntan. ¿Que cuál es la dirección?: menos averigua Dios y perdona. Sólo Dios, ese Dios nuestro aunque no sea argentino, es capaz de consolarnos de la tragicomedia de todos los días.

Década Palabra

1940/1950	1960	1970	1980	1990
Picársela	Tomársela	Borrarse	Pirarse	Irse a la mierda
Abonar	Liquidar	Pagar	Garpar	Poniendo estaba la gansa
Puntero	Caudillo	Ideólogo	Conductor	Referente
Darse la biaba	Viajar	Falopearse	Darse	Colocarse

Le dije que el nuevo ministro era un muchacho de barrio. Asumió su cargo jurando: "Por la Vieja"
Fontanarrosa

(Ochoa)

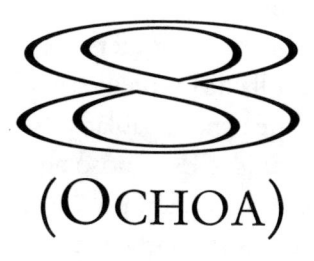

Los que se llenan la boca al hablar

HABLAR BIEN CAUTIVA y fascina a los argentinos. El que habla bien y lindo, aunque no diga nada importante, gana puntos y acumula ventajas porque por estos lados se privilegia el hablar bien por sobre el pensar bien. Hay un tácito y encendido elogio del piripipí, una marcada vocación por abrir la boca aunque sea para llenarla de vacío.

Desde campos como la psicología, la sociología, la economía, la política o la actividad militar el lenguaje se nutrió con nuevas palabras y se hizo al mismo tiempo presuntuoso, inseguro y banal. En un libro suyo editado en la década del 60, el argentino Eduardo Goligorski cita al norteamericano Melvin Maddocks como autor del concepto "afasia semántica", aplicado a la proliferación y el exceso de uso de muletillas y lugares comunes. Se trata de una especie de insensibilidad mental que lleva, por ejemplo, a que un militar denomine pacificación a la guerra, y que los políticos consagren como revolucionario cualquier programa medianamente progresista. En la olla de los medios se cuecen infinidad de habas de esta forma de pensar, hablar y escribir de apariencia elegante y fofo contenido. Es famoso aquel título aparecido en la década del 70 en la sección policiales de un prestigioso diario, cuando el periodista al que le tocó informar sobre un simple robo a mano armada escribió: "Violenta desposesión que subsiste".

Son muchas las presuntuosidades inventadas. Los periodistas deportivos auspiciaron la creación de la "filosofía futbolística" y a un sencillo *outball* cerca del propio arco le dicen "saque de manos en posición defensiva". Los locutores llaman *cortes* a los discos, despilfarran expresiones como "en tal caso", "sin embargo" o "en otro orden de cosas", y especial y evidentemente abusan de los adverbios de modo como "fundamentalmente". *Disfónico* es un término típico de los medios audiovisuales y se difundió porque sus cultores piensan que es mucho más elegante que *ronco*. En radio, una frase tan ilustrativa y práctica como "el último disco" fue reemplazada por una tirada de nueve palabras: "Los materiales que integran el más reciente trabajo discográfico...". Por todo esto no parecen tan lejanos aquellos tiempos de la década del 60 cuando el humorista Landrú estableció una traviesa dictadura del hablar bien y del hablar mersa. Nadie tenía que decir cutis: era preciso mencionar *piel*. Guay del que dijera *cabello rojo*, cuando lo correcto era hablar de *pelo colorado*. Cuando llovía, calzarse un *piloto* era un quemo, ya que lo que había que ponerse era un *impermeable*.

En la vida de todos los días y en las casas se observa la

huella de esta parla fatua y necia. Al basurero se le dice *recolector de residuos*; a los carteles que indican la parada de los colectivos les pusieron la inscripción "detención de bus", y a esos kioscos enormes, que venden de todo, les pusieron *polirrubros*. El viejo y efectivo "No está" intenta ser reemplazado por "Termina de salir", así como el "Espere un momento" gesta su defunción en "Aguarde en línea". Resulta por lo menos curiosa la evolución de las últimas décadas de la palabra sirvienta: fue *la sierva, la criada, la muchacha, la doméstica, la chica, la empleada con* (o *sin*) *cama adentro* y últimamente es *la señora que hace la limpieza, la mujer que me ayuda* y hasta *la asistente*.

En lo comercial y publicitario también hay cambios: *sponsor* reemplazó a *patrocinador* o *auspiciante*; el legendario *tocadiscos* pasó a ser el *equipo de sonido* o el *centro musical*; el *envase* se convirtió en "práctico kit ordenador" y a las *pelucas* se las denomina *implantes* o, peor aún, "recuperaciones capilares".

¿En qué idioma te estoy hablando?

—Dejémonos de *puñeterías*: a mí el *cuore* me dice que hay *feeling*. Te juro que la vi en el *drugstore* y quedé *touché per secula seculorum*.

—¿Pero en qué momento fue?

—Cuando le cantaban el *happy birthday*, ella me descubrió y alzando su copa me dijo a la *votré santé*.

—*Va fangulo, cherí*. Yo también la vi en la *boutique* y no me hizo ningún *buraco*. Mirá, tío, para que a mí una *garota* me conmueva debe ser alguien que ofrezca algo más que lindas *parolas*.

Fue vernos y sentir como si nos conociéramos de toda la vida.

—*Fuck you, caro.* Todo lo que decís son *slogans*, no seas *snob*. No es cierto que lo único bueno que tiene es el *tujes*. Ella es guapísima, es una *mina sine qua non*.

—*Jamais*, es pura *facha*. Y si querés convencerte vas a poder verla en el *vernissage* de *domani*.

—Ella es un *sweet dream*, es como una *ragazza* de los *sixties*. Te juro que si no me la *levanto* me hago el *harakiri*.

—Hablále de tu *metier*. Contále que sos *marchand*, *alma mater* de una galería, regalále un *compact*, metéla en la *movida*. Pero, ojo, que no resulte una de esas que cuando tienen *ragú* terminan comiendo *plezzales* con *champagne*.

—*Too much for me, brother*, ¿para qué hacer tanto *quilombo*? Me vino muy bien *parlar* un rato.

—¿Sabés lo que pasa, *men*? Que vos y yo hablamos el mismo idioma.

DÉCADA PALABRA

1950	1960	1980	1990
	Tira		
		Falacia	
	Maestro		
			Drama
Quilombo			

Pruebe, juegue, acierte y complete los casilleros eligiendo del siguiente grupo de palabras: Pamplinas - Flaco - Tío - Bardo - Pálida - Yuta - Candombe - Diga - Macanas - Bodrio - Verso - Cana - Problema - Toco
Solución al final del capítulo.

Hablar bien no cuesta

Con frecuencia más que excesiva ciertos hechos de la realidad cotidiana reciben calificativos tan inadecuados como injustos: *felliniano, buñuelesco, kafkiano, surrealista.* Estos genios son invocados en vano cada vez que lo argentino se manifiesta de un modo que supera la imaginación. Los términos ya están incorporados en el lenguaje, disponibles incluso para gente que no leyó ni una línea de Kafka ni vio una película de Fellini. Los vocablos —varios de ellos sin lugar aún en los diccionarios— son requeridos para ilustrar la dimensión de los episodios a los que cualquier palabra normal le queda chica. Pero la verdad es que a fenómenos para nosotros buñuelescos Buñuel no le habría dedicado ni un solo centímetro de celuloide. En la sección de cartas de lectores de un diario un vecino porteño denuncia el robo de su línea telefónica y califica al hecho como felliniano. La altura creativa de Fellini nada tiene que ver con un vulgar latrocinio. Una recorrida sin destino por cierta repartición oficial en busca de respuestas que nadie está en condiciones de ofrecer no merece la menor reminiscencia kafkiana. Lo que alrededor de nosotros es lamentable consecuencia de manejos irracionales, en el surrealismo es la propuesta de hasta dónde puede llegar el pensamiento cuando no se deja limitar por lo racional.

Y así sucesivamente. Lo que en Fellini es fantasía exuberante, en la realidad es grosería desatada y chocante. Lo que en Buñuel fue siempre mirada mordaz y quemante, en la corrupción es vulgaridad de cuarta categoría. Lo que en Kafka es alta búsqueda de explicaciones del hombre y su mundo, en la burocracia es un camino absurdo de ineficacia y de ñoquis. Lo que para el surrealismo significó impulso hacia la imaginación y afirmación de la libertad interior, en la vida diaria suele resultar agobiante falta de compromiso estético y moral. Luce bastante llenarse la boca con Fellini o Buñuel pero, cuidado, porque no siempre uno la pega con el calificativo.

Y bueno, del mismo modo también podríamos ser menos lengua largas con metáforas que aluden a otros personajes. Cualquiera puede subirse al avión de la fama y proclamar: "Es Gardel". Ver en toda decepción o amargura una actitud discepoliana es tan riesgoso como pensar que el rechifle es arltiano o un mínimo rasgo de generosidad debe mirarse como quijotesco. De lo contrario un día de éstos en cualquier esquina del barrio se instalará el actualizado personaje que diga: "¿Sabe lo que me pasó, papá?... Algo casquiano, loco: surrealista. Lo agarra Fellini y hace la película de su vida".

En su breve *Manual del argentino exquisito*, Adolfo Bioy Casares advierte sobre las consecuencias de cuando el lenguaje se va de boca: allí reflexiona acerca del uso de términos como galdosiana, lorqueana y lugoniana aplicados a la obra propia o de imitadores y discípulos de Pérez Galdós, García Lorca y Lugones. "Como existió Menéndez y Pelayo me pregunto: ¿por qué no decir también menendezypeláyico?", interroga sin respuesta el señor Bioy.

Para hacernos los finolis

Para pasar por lo que no somos fuimos mandados a hacer. Según el rumor antioficial de la época, el gobernador peronista de la provincia de Buenos Aires en los años 50, Car-

No acepto que mi discurso político esté teñido de sensiblería. Lo que ocurre es que me inspiro en los grandes oradores de antaño
¿Como ser?
Héctor Gagliardi
fontanarrosa

"Es como mono, ¿no?" (Descripción de un vestido por una modelo)

los Aloé, era muy bruto. Acerca de esa característica suya circularon centenares de chistes, entre ellos que, como permanentemente utilizaba diminutivos para hablar, un día, en una comida, el propio Perón lo codeó para corregirlo. Cuando los mozos regresaron a ofrecerle más comida Aloé volvió a mostrar su rudeza y dijo: "No, gracias, no tengo más apeto".

La siguiente historia es de los tiempos en que funcionaba a pleno Villa Cariño. Un humorista apretaba a una morocha contra un árbol y ya cerca de lo mejor ella lo echó todo a perder con esta frase que suponía finísima: "¡Qué enhiesta la tenés!". Ningún hombre en su sana calentura puede mantener una erección frente a semejante paja verbal. Algo equivalente a aquel tipo que fascinado por la delantera de la mujer con quien compartía la cama pensó "¡Qué tetas tiene esta mina!" pero le salió: "Qué turgentes son tus senos".

Los tiempos pasaron y la necesidad de ser finoli —o *aggiornado*, como se dice— de la boca para afuera proviene de los sitios más diferentes. Los que manejan el idioma —pero los que no lo manejan mejor— asestarán con el *mailing*, con el *software* y con la novísima *catering*. La vena pretenciosa se hinchará con el "de modo que..." o "de manera que..." con que los políticos y funcionarios encabezan sus intervenciones públicas. La hilacha de la ínfula le colgará a las secretarias cuando en lugar del tradicional "de nada" mandan el "por nada" o en vez del noble y directo "no entendí" apelan al "¿...perdón?" en tono interrogativo.

Pero lo peor es cuando el habla finoli se transforma en el lenguaje shopping. Un centro de exposiciones pasó a denominarse *Predio Ferial*. Y según una publicidad de champú al pelo enrulado es preferible decirle *permanentado*. De la publicidad nada debe asombrarnos. A un simple envase necesitó rebautizarlo "práctico módulo expendedor"; a un cierre relámpago lo inmortalizó como "sistema inviolable de cremallera" y a un método para que el óxido no horade los autos le colocó un nombre de remedio: *cataforesis*.

¡Qué prodigiosa facilidad para chantear!

El tipo de palabras que elijamos para transmitir aquello que queramos decir hablará de nosotros. Los periodistas más evolucionados y los escritores más admirables suelen decirlo del modo más sencillo. No como el relator deportivo que a los directores técnicos los rebautizó *orientadores tácticos*, o el médico que a sus enfermos que están por morir los menciona como *terminales*. Además, si existe una palabra impecable como médico ¿por qué agotarse con otros cinco términos como *profesional de la salud pública*?

Algunos dicen que los jovencitos hablan así porque no leen, pero economistas y cientistas políticos que leen incluso más de lo recomendable le dicen *deseconomía* al derroche y *punto de inflexión* a la gota de agua que colmó el vaso. Y si alguien se descuida son capaces de asestarnos con frases de esta calaña: "Los operadores deben desdramatizar y no desestabilizar. Concretizando la coyuntura: hay que deslizarse de lo puntual hasta encontrar un punto de inflexión: el sinceramiento salarial".

¿Me entendés lo que te digo?

Es un operativo cuya implicancia altera los lineamientos del entorno. Tenemos que optimizar la operatoria y sectorizar aquellos parámetros conflictivos, reordenar la

Están embarrando la cancha.

escalada y llegar al consenso a través del carisma. Asumir el subtexto es recepcionar el desfasaje, liderar el posicionamiento y viabilizar el encuadre. Primero, prepararemos un evento para impactar al mercado; luego pautaremos un marco de transparencia y el prototipo será, seguro, una estructura de cambio. El encuadre tendría que ser éste: compatibilizar la empatía en coyuntura y seguir el feed back emergente al largo plazo. Me gustaría que te consustancializaras con la identidad del proyecto e hicieras insight con su factilidad institucional. Habría que vivenciar lo que tenga de sobreprotector, quitarle al estrato lo que suponga antinomia y llegar a alcanzar un estadío de reconversión. Como para optimizar el trasvasamiento, ¿me seguís? Contactáte a nivel sectorial para eludir la elite y de ese modo promover un reordenamiento institucional. O si no dame pautas y yo me contacto. Este es el cuadro de situación. ¿Te queda claro, no?

- "Vos y Susana son como muy fuertes, ¿no?" (Pregunta de una periodista de TV a Moria Casán, refiriéndose a Susana Giménez.)
- "Es un poco como mucho, ¿viste?" (Reflexiones de una estrella de TV luego de ganar dos Martín Fierro.)
- "Fue vernos y sentir como si nos conociéramos de toda la vida." (Explicación de un romance.)
- "Es como mono, ¿no?" (Descripción de un vestido enterito por parte de una modelo.)
- "No, en serio. Estuve como enferma del estómago." (Aclaración de una actriz que tuvo diarrea.)
- "Era como que no me lo podía creer la del idealismo." (Sincero arranque de un músico de rock.)

¿Cómo decís? (Test)

A veces hablamos	Como el culo
	Como el ojete
	Como el orto

(Táchese lo que no corresponde.)

Exquisiteces

—El que se merecía un homenaje en esto de denunciar la pretenciosidad de las palabras es Bioy Casares. ¿No leíste esa maravilla que es el *Breve manual del argentino exquisito*? El fue uno de los primeros en fijarse en la relación entre las palabras y el ser nacional. Ese libro es imprescindible.

—Es cierto. El descubrió montones de asombrosos deslices referidos a nuestra manera de hablar. Dice por ejemplo que porque somos extremadamente exquisitos preferimos decir "Descienda por la parte trasera" a "Baje por atrás"; arteria en lugar de calle; chocho en vez de contento y disenso por desacuerdo.

—Me acuerdo que en un momento critica a los que prefieren el verbo escuchar por sobre el verbo oír. Y entonces el tipo reflexiona: ¿Se imaginan al cantor de tangos diciendo: "Che, papusa, escuchá"? Es divino Bioy: una especie de sociólogo inexorable para descubrir que muchos tratan de pasar por elegantes cuando eligen decir facultativo por médico, indumentaria por ropa y regio en lugar de sí o está bien.

El lenguaje paródico

Así como, según el refrán, en boca del mentiroso lo cierto se hace dudoso, en boca de un argentino cualquier cosa seria puede transformarse en festiva. Desde el lenguaje se ridiculiza, se agranda, se achica, se parodia.

Amigos del alma, íntimos de toda la vida, habitantes del país del tuteo se tratan de usted o se intercambian apelativos magistrales como si estuvieran en claustros.

—¡Doctor, qué gusto verlo!

—Más doctor será usted. ¿Cómo anda, maestro? (con sus variantes: maestro de maestro y magister).

—¿Qué dice, profesor? (con su correspondiente alternativa sofisticada: teacher).

Gente que pasó dos o tres horas juntas y que todavía está una frente a la otra se dice: "Che, tenemos que vernos". Compañeros que acaban de compartir una comida se vuelven a prometer: "Nos hablamos y comemos algo".

En nuestro modo de hablar se incluye una gran cuota de ironía, un lenguaje en el que con frecuencia las palabras quieren decir otra cosa. Empezando por la fina parodia de llamar "El Mudo" al máximo cantor nacional.

Las feministas más convencidas le dicen "minas" a las mujeres, un término de cafés, machos y tangos al que antaño condenaban porque maltrataba la condición de mujer. Los trabajadores, que para sobrevivir necesitan por lo menos tres trabajos, se identifican parodiando como *curros* a su esfuerzo. A sus informaciones más preciadas los periodistas les dicen *merca* y los narcotraficantes, cuando alguien osa dudar de la calidad de su

Algún día te voy a dejar y entonces vas a saber lo que es bueno!
De eso no tengo ninguna duda
Fontanarrosa

oferta química, se defienden alegando: "Ojo, que yo no vendo cualquier verdura".

Un mundo al revés desde las palabras. A los adultos se les dice *bebés* y a cualquier amargo se le dice *bombón*. De algo vivificante por su calidad se afirma que *mató*. A una persona muy agradable se la califica de *monstruo*, así como a cualquier tonto puede merecer el roce de *genio*.

Con el recurso de la ironía, desde el lenguaje, permanentemente se está diciendo algo contrario a lo que se dice. La gente ya no habla (y mucho menos: parla, bate, chamuya): tiene un discurso. No quedan antipáticos: ahora, los semejantes nos cortan el rostro. El último gran verbo, multisignificativo (¡qué palabra horrible! Nota del autor: retiro lo escrito), por la variedad de aplicaciones que tiene, es transar. Está en boca de millares aunque todavía no haya ingresado en el santo recinto del diccionario.

Algo repudiable suele ser calificado como fantástico o extraordinario. Personas o sucesos que llevan a las más altas cumbres nuestra capacidad de indignarnos, como los corruptos y la corrupción, suelen ser definidos como maravillosos o geniales. En los momentos más aciagos, o sea, exactamente cuando está todo mal, se puede responder: "Está todo bien" o "Que sigan los éxitos". Al más presionado del barrio o al más lleno de obligaciones de la oficina se le dice: "¡Qué fácil lo tuyo!". Ni siquiera en los momentos de mayor caos nos olvidamos de preguntar a nuestro interlocutor: "¿Todo bien? ¿Todo okey? ¿Todo en orden?". Cualquier persona jaqueada por un cóctel de conflictos responderá a esas preguntas con un "Me va muy bien, de triunfo en triunfo". Como, en ocasiones, hasta el viejo y desinteresado favor se descree, se apela en la forma: "¿Qué te puedo cobrar?".

¿Vos te creés que una vida alcanza para todo?

Según los códigos del lenguaje paródico, Gardel, muerto hace más de sesenta pirulos, cada día canta mejor. A los futbolistas se les pide que dibujen, a los artistas se les exige que humillen. Perón y Evita vivirán, según el dicho, eternos en la memoria de su pueblo, pero los cadáveres fueron sometidos a infames vejaciones que les impidieron cualquier posibilidad de descanso en paz. Los políticos, a lo complejo le dicen crítico y a los oscuros objetos de la corrupción les llaman las joyas de la abuela. Damos vuelta todo e inevitablemente la realidad nos da vuelta: somos capaces de decir que algo dramático es divertido, que un atorrante es un sol y que un mediocre es un gran valor o, como se dice últimamente, "un grande".

Las inefables maneras de nombrar

En las cunas del barrio se generaron todos los motes, en tanto cafés y esquinas fueron laboratorios en donde, de espaldas y de frente a los interesados, se inventaron muchas maneras de llamar a las personas, más allá de sus nombres verdaderos, que quedaron para siempre y aún se utilizan como emblemas de ingenio.

Al comerciante desprestigiado le pusieron pollo al spiedo "porque está quemado hasta el culo pero sigue dando vueltas". Al tipo que se distinguía por su suciedad lo bautizaron Labruna "porque se pasó veinte años con la misma camiseta". A la más linda de la cuadra, que se hizo azafata, le dijeron termotanque "porque duerme con el piloto prendido". Al pibe que se creía un galán pero sólo se enganchaba bagayos lo calificaron radiador "porque se le

¿Cómo puede ser que te separes de Teresa? Veinte años sin un Sí ni un No...!
Ni un Sí ni un No ni un Quizás ni un Tal Vez ni un Hasta Luego ni un Cómo Te Va ni un Buenas Noches ni...
Pont

pegaban todos los bichos". Al trepador se le impuso el mote de sandwichito porque "siempre está al lado de la torta". A un fulano venido abajo le pusieron aguarrás, porque "de lejos parecía solvente" y al hombre de los medios fracasado le decían cable de plancha porque "no servía ni para la radio ni para la tele".

En el diccionario del sarcasmo popular, a Alfonsín lo apodaron hornero porque "creía que todo lo arreglaba con el pico" y a Menem le dicen almeja porque "se entierra con su propia lengua".

Conozco gente (como el periodista Juan Panno) que se puede pasar horas armando y desarmando estos chistes del lenguaje que sirven para identificar a personas, grupos e instituciones. Radichetas son los radicales; perucas o peronios, los peronistas, y contreras o gorilas, sus enemigos. La mitad menos uno denomina bosteros a los hinchas de Boca y a la otra mitad riverplatense le toca poner la otra mejilla cada vez que le gritan gallinas. Pero en materia de pasiones futbolísticas burladas el mejor apodo es el que le pusieron a Racing. Al infortunado equipo de Avellaneda le dicen Karadagian "porque ni los chicos le creen que fue campeón del mundo".

Quienes lo conocieron afirman que Perón fue un infatigable y creativo motejador, pero también se sabe que no le hacía ninguna gracia cuando lo llamaban por su sobrenombre más difundido, Pocho, o cuando el objeto de la chanza era su propia persona. En una biografía del actor Pepe Arias se cita el fragmento de un monólogo teatral del cómico realizado en 1966 en donde se dice que Perón le ponía sobrenombre a todo y a todos: a los políticos opositores, por ejemplo, los llamaba cagada de paloma porque se pegan al primer balcón que ven, y a

Estoy persuadido.

los militares les puso chichones porque aparecen con todos los golpes.

Entre las más graciosas formas barriales de decir hay algunas que son un verdadero hallazgo, como denominar compañeros a los testículos; mesa para doce cubiertos al trasero de una mujer de extraordinarias dimensiones; despacho de bebidas a un formidable pecho femenino, y el mudito a la relación sexual practicada inmediatamente después de despertarse, "porque con mal aliento acumulado en toda la noche ninguno de los dos se atreve a abrir la boca".

Solución Década Palabra

1950	1960	1980	1990
Cana	Tira	Yuta	Cana
Macanas	Pamplinas	Falacia	Verso
Diga	Maestro	Flaco	Tío
Problema	Toco	Pálida	Drama
Quilombo	Bodrio	Candombe	Bardo

9
(NOVOA)

IDOLO, IDOLA Y OTRAS FORRADAS

IDOLO, SANTA, DIOSA, REINA, divino: así se habla ahora en la Argentina. Alguien es súper o no es. El mejor ya no es un capo: es lo más. En este despliegue afectado y antinatural el ¡Bravo! de las coronaciones artísticas fue trocado por el ¡No te mueras nunca! El antiguo y enjundioso ¡Qué grande! sucumbió ante exclamativos como diez, brutal, total.

Es llamativo el ingreso en el lenguaje cotidiano de una serie de palabras que habitualmente definen lo inalcanzable, lo mítico, lo lejano, lo intocable. A partir de estos desbordes cualquier mortal puede verse, o sentirse, rodeado de reinas, seres divinos, diosas de cualquier especie como para alimentar su Olimpo cotidiano. Sin duda, esta desmesurada apariencia de afecto no tiene un correlato con la realidad. Fuera de la pantalla, del escenario o de cualquier boca la armonía tiene mucho menos rating. En la vida real abundan los cortocircuitos, las agresiones, los malentendidos, los pudores. Esta moda del lenguaje viene a disimular que las trabas expresivas son serias y que pocos se atreven a enfrentarse con los verdaderos sentimientos. ¿Me entendés, *santa*? Si me comprendés sos una *ídola*. Eso y mucho más: *mago, genio, masa, gloria, joya, mil puntos, biblia, monstruo, mortal, winner, de lujo, posta, héroe, king, fiera, prócer, bestia, master.*

En cualquier escenario de la vida cotidiana un tipo inteligente pasó a ser un *genio* y una mujer con rasgos particulares alcanza la categoría de *diva* o de *única*. Alguien que cae simpático es *súper* o —paradójicamente— la admiración es de tal peso que "no existe". Hay una hiperinflación del lenguaje coloquial por el lado de los calificativos, aunque no por el lado de los sentimientos. Pareciera que a medida que se pulverizan nuestras solidaridades y afectos y que se confirma aquello de que no queremos a nadie (ni a nosotros mismos) los calificativos crecen desde los superlativos y terminan en la desmesura.

Si bien la palabra *ídola* no existe para los grandes libros de la lengua, el *ídolo* se sigue definiendo como aquella figura de una falsa deidad a la que se prodiga adoración. Restaría por saber si cabe para la Argentina la otra acepción de ídolo, según el diccionario de la Real Academia Española "persona o cosa excesivamente amada". Porque bien se sabe que el ídolo es entre nosotros alguien a atacar para mover de su sitio. Por eso al que le dicen —le escriben, le gritan, le cantan— ídolo, ¿debe sentirse de ese modo? No tanto. La expresión tiene una carga irónica y las más de las veces quiere decir lo contrario. En cualquier café u oficina se escucha decir ídolo como quien dice salame. La prueba es que así como quien dice ídolo dice *forro*.

¿De qué forros se trata?: los de la división de al lado; los del barrio vecino; el preceptor; un familiar; el jefe de la oficina. Todos son forros. O ídolos. Que en ciertas circunstancias viene a ser exactamente lo mismo. Ni mejor ni peor: igual.

Es curiosa la difusión extrema de ese término, la acepción más corriente y popular del objeto más desechable que existe. Es curioso también la instalación de la palabra en la gente en el momento en que los forros (profilácticos, condones, preservativos, gomitas, látex) vuelven a contar con valoración social y comienzan a ser recomendados como la forma más práctica de no contagiarse la enfermedad más temible del siglo. En su retorno, aquí, la palabra vuelve como insulto y especialmente utilizada por los adolescentes. Ser un forro es terminar usado y arrumbado en el fondo de las cloacas.

Década Costumbre

1940/1950	1960	1970	1980	1990
Tranvía/ Patacón por cuadra	Trolebús	Bondi	Tacho	Remise/ Patacón por cuadra
Recreo	Isla del tigre	Quinta	Country	Tiempo compartido
Copetín al paso	Bares automáticos	Grilles	Pubs	Café Pizza
Cocó	Porro	Blanca	Frula	Merca

Chicos, ¿de qué hablan?

¿Cuáles son los puntos comunes en una chica de 17 años que tiene el pelo pintado de verde, un chico rubio que camina por la cuadra de la Facultad de Medicina llevando un bombo, un chico que elige la respuesta equivocada en "Domingos para la juventud", una chica de 14 años que estuvo con cinco novios y una chica virgen que acaba de cumplir los 20? Casi ninguno, excepto el lenguaje.

La forma de hablar de los jóvenes y adolescentes está amasada en el delirio, se habla sin decir, se disfraza, se ironiza y se habla como muchos a la vez. Acerca de la extremada difusión de la preposición *re* la experta Elsa Osorio escribe: "Reconozcamos que estos chicos viven sus primeros pasos en el proceso de reorganización nacional y que luego escucharon hablar de la necesidad de restablecer la Constitución".

Desde temprana edad, a los chicos les re molestan los caretas, les *re*gusta pertenecer al circo y los desorienta todo aquello que llaman lo *re*nadaquever.

Las palabras aparecen dotadas de una curiosa multifuncionalidad y el mismo término quiere decir muchas cosas por el mismo precio. Un *goma* es un tonto o un boludo, pero en femenino también es la teta. Cuando hay bronca con alguien se dice que hubo goma. En los tiempos del SIDA goma es, además, forro. Los jóvenes dividen al universo y a sus habitantes en buena y mala onda. Pero junto a la *onda* del pelo, onda se refiere al carácter, es una referencia al tema del que se está hablando y sirve para demostrar atracción hacia el sexo opuesto.

Palo es fuerza, pero también lo es *polenta*, *pila* y *piedra*. *Venir bien* es mostrarse a la altura de las circunstancias y no defraudar a quienes confiaron en nosotros. Está todo bien cuando la vida ofrece tranquilidad y contentura. Está el simple *loco* que se utiliza como che, o últimamente, como boludo, pero también está el "Córtenla, loco" o "Qué reloco es todo".

Palabras de penúltima y última generación

Fuente militar:
Compatibilización, institucionalización, cuadro de situación, reordenamiento, consustancialización, operativo, reestructurar, coyuntural, subordinación, escalada.

Fuente psicológica:
Sobreprotector, proyección, conflictuado, identidad, empatía, encuadre, insight, asumir, subtexto, vivenciar.

Fuente política:
Entorno, consenso, carisma, trasvasamiento, lineamiento, antinomia, pacto, proyecto.

Fuente sociológica:
Desfasaje, feed back, estratos, elite, prototipo, estructura de cambio, implicancias, tabla de doble entrada, sectorizar, nivel, marco de referencia, parámetros, emergente.

Fuente económica:
Mercado, transparencia, estadío, pautas, implementar, optimizar, operatoria, factibilidad, viabilizar, estructural, reconversión.

Fuente publicitaria:
Evento, recepcionar, promocionar, posicionamiento, liderar, producto, impactar, contactar.

10
(Diego)

> *Los eufemismos cambian con las épocas.*
> *Lo que no cambia es la hipocresía que encierran.*
>
> (Enrique Pinti, 1991)

Los mismos eufemismos de siempre

Eufemismo: Característica central de nuestro idioma, algo dicho con el suficiente tino como para no molestar a nadie. Al final, no jode, pero se hace difícil de entender. A la prostitución le dicen "actividad sexual remunerada" y a las prostitutas, "trabajadoras del sexo transitorio". Al baile, ese castigo que los militares suelen imponer a sus subordinados con consecuencias a veces trágicas, lo redefinieron como "ejecución de movimientos vivos". Al viejo cartero ahora privatizado se lo denomina "distribuidor domiciliario".

¿Será posible que no puedas traer a casa un amigo normal?

En un célebre artículo periodístico titulado "Si hay miseria que no se note", Jorge Luis Borges dice que "el culto a la imagen argentina nos ha llevado a una profusión de eufemismos, que deforman la realidad". En la nota, aparecida en el diario *Clarín*, el escritor se manifiesta sorprendido y enojado porque a un ciego como él se lo llama *no vidente* pero agrega otros descubrimientos a lo que denomina "vocabulario habitual de nuestra hipocresía".

- **Batidas policiales**: vastos operativos.
- **Basurales**: cinturón ecológico.
- **Negocio turbio**: negociado ilícito.
- **Presidente**: primer mandatario.
- **Esposa del presidente**: Primera dama (palabra de la jerga teatral).
- **Ministro**: titular de la cartera.

El arquitecto Rodolfo Livingston, por su parte descubre que ésta es una época en que al bruto se le dice *intuitivo* y al canalla, *pragmático*.

Chantas hay en todos lados

En todo el mundo, apunta el periodista colombiano Daniel Samper Pisano, se produce el mismo fenómeno. Las palabras parecen haber agarrado para un lado y sus significados y conexiones con la realidad para el otro. Samper lo atribuye a la necesidad humana de explicar lo inexplicable, como el autoritarismo, y proporciona un par de ejemplos: en Polonia un alto funcionario se enojaba con la prensa cada vez que leía que en su país había presos políticos. El decía que, únicamente, tenían detenidos políticos. El periodismo también sufrió retos en Vietnam porque los militares exigían que hablara de apoyo de reconocimiento aéreo y de ninguna manera de bombardeo.

Según Pisano, uno de los grandes responsables de estos desmadres linguísticos son los políticos y los economistas que no hablan claro. "El atraso fue convertido en subdesarrollo, y el subdesarrollo en vías de desarrollo; los especuladores pasaron a ser intermediarios financieros; los mercenarios se llaman a sí mismos soldados de la fortuna; los presos se convirtieron en internos y según como se lo mire un terrorista puede ser eso o un luchador por la libertad".

En esta perplejidad idiomática lo acompaña Eduardo Galeano, quien observa que en el mundo ya no se dice capitalismo sino economía de mercado y que "los muertos por bombardeos ya no son muertos sino daños colaterales".

Y como afirmó Mario Benedetti en 1993: "Bloqueo es si se refiere a Haití, pero si atañe a Cuba es apenas embargo; la ocupación de Afganistán por la entonces Unión Soviética fue ominosa invasión, pero la bien atornillada presencia inglesa en Gibraltar merece una denominación más elegante: enclave".

Las cosas por su nombre

En un artículo, el periodista Orlando Barone exalta una cualidad española: un habla sin remilgos ni eufemismos. Decir lo que se quiere decir: al pan, pan y al vino, vino. Barone observa que mientras nosotros somos capaces de anunciar una dieta con una frase tan elusiva como: "Para combatir esos kilitos traicioneros que se acumulan alrededor del abdomen" los españoles, derecho viejo, presentan "un producto que quita la grasa acumulada en la barriga". Así, en los medios como en la vida, la mujer tiene la regla (ni "esos días", ni "la cita de cada mes", como supieron atenuar algunos publicitarios locales); cuando se desnudan para las fotos, ellas no muestran "ese lugar que empieza donde termina la espalda" o la cola (que en realidad es lo que tienen los animales), sino, con todas sus cuatro rutilantes letras, el culo; y si las mujeres ejercen la prostitución, no se dedican a la profesión más vieja del mundo, sino que son putas. Y a nadie se le ocurriría decirle gomas o lolas a las tetas.

Esta falta de metáforas de los medios españoles en relación con la mujer se hace extensiva al hombre y a todas las cosas, lo que lleva a hablar más claro, directo y tal vez, mejor. A un cauce de agua podrida y contaminada, como el Riachuelo, en los diarios le dicen "río de mierda" y a la mala televisión la definieron como "tele basura". Ese estilo de cuentas claras y chocolate espeso a la hora de referirse a las cosas vendría a ser el más saludable chiste de gallegos.

Esta boca es mía

Durante la presentación de *Los argentinos por la boca mueren 1*, Hermenegildo Sábat dijo que había dos terrenos muy caros a la sociedad porteña: el eufemismo y el so-

Yo sé lo que es tener que contenerse, María. Porque yo me hice en la calle...
Se hizo hombre
No. Me hice pis
fontanarrosa

fisma: "Lo que importa, aquí y siempre, es no llamar a las cosas por su nombre. El recurrente esfuerzo que se hace para sustituir palabras y significados, generando códigos clasistas, algunas veces resulta gracioso. Una mujer normal queda embarazada. Una mujer anormal, con dinero y varios apellidos guarda cama", explicó Sábat.

La periodista Norma Morandini se refirió de esta manera a la tan argentina costumbre de usar un término que parece otro. De este modo lo explicó en *Página/12:* "La niña entró angustiada y dijo: 'Tía, tía, mataron a Gabriela Sabatini'. '¿Cómo decís?', se alarmó la tía. 'Sí, tía, que en la tele acaban de decir que la eliminaron a Gabriela Sabatini'. En un país dominado por el eufemismo, la anécdota es transparente: si ella diariamente escucha que la policía eliminó al ladrón, ¿por qué habría de darle al verbo eliminar su verdadero significado, que sirve más para los torneos deportivos que como sinónimo de muerte?".

En el ámbito político las cosas cambian permanentemente aunque ahora a ese supremo valor se le dice reconversión. En ese ambiente a las situaciones críticas o gravísimas se las atenúa calificándolas de complicadas, lo terrible devino "seria coyuntura" y hay quienes llaman desprolijidad a la vieja metida de mano en la lata. Al dólar se le dice activo externo; a los aumentos, deslizamientos salariales. Son apenas otros eufemismos del periodismo económico con los que nos acostumbramos a convivir.

Los economistas bautizaron como *depresión salarial* a los sueldos de miseria, en tanto los sociólogos maquillaron a la pobreza poniéndole "necesidades básicas insatisfechas".

Cada uno aportó lo suyo. Los militares —que le pusieron *proceso* a la última dictadura— traspasaron su lengua-

¡Que incordio!

je burocrático cuartelero y en sus escritos un 8 de mayo cualquiera aparece como 08 de mayo.

Si hay miseria lingüística, que no se note: al área oficial que pincha los teléfonos ajenos se la denomina Oficina Judicial de Escuchas Telefónicas, un eufemismo que incluye la versión apocopada, basada en las iniciales: Ojota.

Palabraspintadas

1987. Levantamiento militar de Semana Santa. Cómo llamaron los medios de comunicación y los políticos a los militares y civiles sublevados:

- Perturbadores
- Alteradores del orden
- Escalada para perturbar el tránsito democrático
- Agitadores
- Colaboradores con regímenes militares que ahora se rasgan las vestiduras
- Enemigos de siempre
- Minorías
- Parias que apostaban al fracaso de la democracia
- Nostálgicos de la violencia, nostálgicos del atraso, nostálgicos de la tarea sucia
- Desestabilizadores
- Mano de obra desocupada

Diciembre de 1990. Levantamiento militar del 3 de diciembre. Modos con que medios de comunicación y personalidades civiles y políticas denominaron a los oficiales indisciplinados:

Dalo por hecho.

- Grupos aislados
- Nostálgicos de la dictadura
- Personeros de la antipatria
- Minúsculos grupos de irracionales
- Manos anónimas asesinas
- Elementos residuales que combatieron la subversión
- Mano de obra desocupada
- Terrorismo de las sombras
- Jefes sublevados, militares rebeldes, amotinados declarados en rebeldía
- Los sediciosos

Los lugares comunes tienen un lugar en la comunidad

Según el modo de combinarlas, las circunstancias de su utilización y el grado de reiteración, algunas palabras se convierten en lugares comunes. El lugar común es un gran punto de encuentro en la cabeza. Expresiones que cada día leemos y escuchamos en los medios, y que todos decimos, por ejemplo, "sincero agradecimiento", "fuerte silbatina", "vasto predio" o "luctuoso episodio", son lugares comunes.

Un periodista norteamericano llamado James Rogers publicó un estudio —*Diccionario de clichés y lugares comunes*— en el que los denomina "lubricantes del idioma". En el libro afirma que muchos escritores e intelectuales han sido frecuentemente citados. De Voltaire surgió aquello de "el mejor de los mundos posibles". De Erasmo proviene el "una vida de perros". De Shakespeare (la fuente más citada por Rogers además de la Biblia) aquello de "Esto es griego para mí" que en otros sitios, como en la Argentina, se diría "Esto es chino para mí" y en Plutarco tiene origen el llamar "una espada a una espada" que entre nosotros tuvo como adaptación "Al pan, pan y al vino, vino". "Los lugares comunes son los impávidos testigos de la pereza mental y constituyen una plaga para muchas profesiones, no sólo para la publicidad y el periodismo", escribe Rogers.

La gama de lugares comunes en vigencia es inmensa, hasta el punto de que es una especie de igualador social usado por democráticos y autoritarios, por maestros y alumnos, por ricos y pobres.

No siempre se tienen a mano todas las explicaciones necesarias. Muchas veces, para poner el cambio en palabras, para definir aspectos poco meditados del país o de la cultura, apelamos a explicaciones y conceptos a los que no les hace falta riqueza pero que a fuerza de recurrir a ellos se les fue quitando su profundidad de origen. Esto convirtió lo que en el principio fue un arduo entrecruce de ideas novedosas en una linda frase que ya dice poco y nada.

Los lugares comunes surgen como sólidas verdades pero su utilización, excesiva y a menudo inoportuna, les adjudica una inapelable inconsistencia. Transitadas, copiadas, mancilladas, en definitiva vaciadas, estas frases ya no quieren decir lo mismo que cuando alguien las formuló por primera vez y significaron un adelanto en el mundo del pensamiento y en este país.

El lugar común —así como las jergas y los eufemismos— empequeñece nuestra visión y limita y empobrece los niveles de desafío desde los que se puede mirar al mundo, entenderlo y enriquecerlo.

Doctor... acá se presenta un grupo llamado "Los pícaros aerosoles" ofreciendo sus servicios de graffitlis ingeniosos para nuestra próxima campaña electoral
Fontanarrosa

Cómo descubrir un lugar común

¿Cómo es la noche?: un manto negro.
¿De qué manera está el cielo?: tachonado de estrellas.
¿Cómo es la mayoría?: aplastante.
¿Qué proporciones cobran los incendios?: dantescas.
Las circunstancias del robo, ¿de dónde parecen escapadas?: de un guión cinematográfico o de una película de terror.
¿Qué es lo que evitó la policía con su prudente accionar?: una verdadera tragedia.
¿Qué característica tuvo la manifestación masiva?: im-pre-sio-nan-te, amigos.
¿Qué carácter tienen las nuevas medidas económicas?: drásticas.
¿Qué les sucede, en un momento, a los hechos de violencia?: toman dramáticos ribetes.
¿Qué les hacen los delincuentes (malvivientes, ladrones, amigos de lo ajeno) a sus víctimas?: las mantienen en vilo.
¿De qué características son las posiciones que toma la policía?: estratégicas.

De dónde venimos, adónde vamos, ¿eh?

Seguramente en el origen de cualquier lugar común hay un periodista preocupado por el prurito casi estético de no repetir palabras. Resulta que se produjo un gran incendio y al regresar a la redacción, con los datos, el cronista que lo fue a cubrir debe escribir noventa líneas. La angustia se inicia cuando el periodista ya usó dos o tres veces la palabra incendio y la necesidad de no reiterarse

Andá a lavar los platos.

comienza a remorder su conciencia. Apelará a fuego, probará con ígneo o quemado pero, inevitablemente cercado por las llamas, terminará en terrible siniestro o fuerte conflagración. Si el escenario de la noticia es un hospital, intentará en principio con policlínico, continuará con sanatorio o dispensario o los más actualizados centro médico o unidad asistencial, aunque corre riesgo de sucumbir en citado nosocomio. Por las dudas de que en la lectura de este libro usted encuentre demasiadas veces repetida la palabra *palabra* (palabra que no lo hice con mala intención), aquí le pido disculpas ofreciéndole algunos sinónimos. Cuando lo considere oportuno está usted autorizado a efectuar el reemplazo: vocablo, voz, término, expresión, dicho, discurso. Y si lo que le molesta es el verbo hablar, pues manéjese con abrir el pico, parlar, charlar o paroleros.

Torneo de lugares comunes importantes de la Nación
(El ranking. Los principales. Los top ten
y eleven [el nivel])

Número 10: No importa si ganamos. Haber llegado hasta aquí ya es todo un premio en sí mismo.
Número 9: ¿Qué nos pasa a los argentinos?
Número 8: Esta cuestión o la arreglamos entre todos o no la arregla nadie.
Número 7: Esto no sólo nos hace bien a nosotros como país sino a todo el... (adjuntarle la especialidad que desee: cine, fútbol, etcétera).
Número 6: Esta es una más de las cuestiones que los argentinos deberemos colocar en debate.

Número 5: Lo importante es que nosotros nos encontramos aquí reunidos, hablando de este tema puntual.
Número 4: El nivel de la cultura (actividad absolutamente intercambiable por otra) argentina actual es el espejo del país.
Número 3: Hay dos Argentinas, una visible y otra invisible.
Número 2: Es tiempo de que cada argentino se pregunte qué tipo de sociedad quiere y qué Argentina está dispuesto a construir.
Número 1: Cultura es todo, desde el poema más refinado hasta tomar mate.
Número 0: Consiste en corregir del modo siguiente a todos aquellos que mencionan a la Argentina diciéndole este país: "¿Por qué dice este país? Tenemos que decir nuestro país".

JERGAS, MULETILLAS Y DIRETES

Jerga: Lenguaje especial de ciertas profesiones o grupos. El caló, la jeringonza, el lunfardo son jergas. Mediante metáforas aplicamos ciertos términos de campos específicos al habla común.

—¿Debemos darle decoro al lenguaje?
—Claro, porque las palabras son respetables. Cada palabra tiene su dignidad, por eso no se las debe utilizar indiscriminadamente.
—¿Qué ocurre cuando le faltamos el respeto a las palabras?

No contés guita delante de los pobres. (Anónimo popular)

—Puede ocurrir que a la larga dejemos de entendernos, caeremos en la jerga, nos empobreceremos literaria y personalmente.

Diálogo con el escritor Héctor Tizón

Todo se pone de moda: hasta el lenguaje. El gueto es amplio y también verbal. Por las expresiones nos conoceréis, o al revés, porque las expresiones de moda están al alcance de todos en el supermercado de la vida cotidiana.

Cada forma de hablar pertenece a una esquina del conocimiento, aunque ahora todo viene más mezclado. En el cambalache de las cabezas de fin de siglo cualquiera puede armar su propia trenza palabreril.

Un curso sobre el discurso

Cuando las cosas se ponen graves los políticos dicen que la situación está *densa* y les debemos a los economistas neologismos como *rigidizar* en lugar de ajustar. En cada caso en que los hombres de la res pública se quedan sin explicaciones apelan a un rosario de excusas: "Recibimos un país en llamas"; "No tenemos que olvidarnos de dónde venimos"; "Nos toca administrar una pesada herencia".

Hace varios años, en un trabajo con propósitos satíricos realizado por la revista *Unidos,* Oscar Landi y Horacio González identificaron por lo menos diez formas distintas de iniciar un "discurso":

1. Vengo a decirles que;
2. Afirmo por otro lado;
3. Deseo expresar;

4. Y como si esto fuera poco;
5. Pero sepamos que;
6. Parece evidente que;
7. De ahora en más;
8. Debo confesar que;
9. Es hora de afirmar que;
10. Sin embargo el tema es que;

Los politólogos habían construido varias columnas con frases más o menos típicas y cumpliendo las instrucciones —saltar de la línea 1 a la 3 y de aquí a la 5, por ejemplo— se obtenía una frase de político reconocible. Ellos querían significar que también para la clase política existía una fórmula semántica desechable, del tipo "lávelo y úselo", en este caso "dígalo y olvídese". De esa fórmula podría disponerse en cualquier momento, y hábilmente combinada es capaz de construir torrentes de iniquidades habitualmente denominadas discursos.

Palabras con autoridad

Un verdadero espectáculo es cuando la autoridad toma la palabra. Un policía frente a las cámaras de televisión y con la necesidad de explicar "la aclaración de un ilícito" es capaz de armar un matete como el que sigue: "A raíz de un robo a mano armada en la modalidad pirata del asfalto se logró determinar el depósito donde estaría ubicada la mercadería que fue sustraída el día martes próximo pasado. La denuncia fue hecha en la comisaría por el damnificado o sea por el camionero. Y a raíz de eso se hizo tarea de inteligencia, seguimientos, y se logró determinar que la mercadería estaría almacenada en este depósito. La mayoría son productos elaborados por la empresa en sus distintos ramos. El depósito pertenece a una empresa distribuidora de la cual estamos investigando a ver si el resto de la mercadería es de origen lícito o ilícito". Los cultores de la jerga judicial también tienen lo suyo y creen que hablan lindo. Escuchemos cómo explicó un juez un procedimiento: "El éxito, repito, de este procedimiento en el cual se secuestró más de 20 kilos de, aparentemente, no tenemos todavía los análisis definitivos, de cocaína. A distintos pasajeros embarcados... No me caben dudas de que es cocaína, pero primero quiero tener la pericia de los técnicos. Es decir, el polvo blanco secuestrado ha reaccionado positivamente, ¿no cierto?, este... lo llamativo es que los detenidos son personas de edad... el éxito de este procedimiento efectuado en el día de la fecha obedece a un trabajo mancomunado de dos fuerzas de seguridad a la cual es necesario brindar nuestro reconocimiento. Las cuales se tratan de la Gendarmería Nacional, en este caso a mi izquierda, y a mi derecha el representante de la Prefectura". Y ni hablar cuando, para decir sí o no, los policías apelan al afirmativo o negativo.

Delicias del vesre*

El topún (ni un bepi ni un jovie), verdaderamente un choma de aquéllos, hombre muy chorede, había nacido en un yotivenco. Era lo que se dice un ñorse, uno de esos que

---

* **Vesre:** Forma de hablar en el bajo fondo que consiste en condicionar las sílabas de una palabra a la inversa de lo correcto, es decir de atrás para adelante. Por ejemplo: natavén, por ventana. (*Diccionario de argentinismos*, D. Abad de Santillán.)

con lorca o con ofri sabía gozar de la davi y siempre tenía a mano una linda nami para bailar un buen gotán.

Por la mañana el quía salía del ñoba, recorría la zapie con la zabeca toda mojada, se ponía los zolcilloncas y le daba el primer sobe a su jermu, a quien no volvía a ver hasta la cheno. Impecable la raya del lompa, brillosos los timbos, se calzaba el breto azul bien cheronca y breli, los lopes al tovién, salía a la yeca. Todos decían que parecía un gran fioca pero no era.

Torlica (porque él se llamaba Carlitos) iba al bar de la naesqui a saludar a los chochamus, gomías de toda la vida: tordos a los que les sobraba el tovén, rochos sin un gomán, grones, topus, fundamentalmente orres, atorrantes del joraca, verdaderos nohermas todos. Tomaba un feca con leche, de dorapa, de ronga y salía de raje hacia el jotraba, en donde se rompía el locu como pocos para ganar un sope que asegurara la nerca y el troli de novi. Todo el rioba sabía que era un hombre de mucho jotraba, que no se rascaba la zapán.

Las palabras de antes no usaban gel

Términos que pasaron a la historia y están en la prehistoria como chipipío - belinún - calandraca - pejerto - alcornoque - pastenaca - mamerto - boncha - recalcado. O expresiones como "Ir a parar a los caños"; gil a cuadros o tomarse el buque que tampoco se usan más, integran por derecho bien ganado el cuadro de honor de dichos y expresiones de la más rancia jerga porteña.

Desde sus programas de radio Alejandro Dolina sorprende a sus oyentes con el uso de antiguos términos casi en desuso y exalta aquella idea de que es el pueblo el que hace grande a los idiomas. "Utilizo palabras como otario, lenguichino, pisaverde, avechucho, correveidile o expresiones como le garanto que justamente por estar fuera de circulación provocan gracia y efecto crítico. Y, de moda o no, son en cualquier caso, mucho mejores y más agradables que palabras como desfasaje", precisa Dolina.

En los colectivos, en los kioscos, en los medios de comunicación, en las escuelas se escucha *fiaca* (pereza aquí pero hambre en el Uruguay) y ya casi nadie le dice naifa, grela, percanta, churrasca, papusa o budinazo a las mujeres. Se apela al *yeite* (asunto, cuestión, negocio, originario del Brasil) pero se ha extinguido mistongo como sinónimo de miserable. *Pilcha*, más indígena que los tobas, y *piro* (con sus extensiones espiro y pirobar) atravesaron indemnes la prueba del tiempo y son súper escuchadas palabras como *curro* (de origen calé de acuerdo a los expertos), *bancar* (un típico neologismo argentino) y *zafar*, curiosamente o no, de origen árabe.

Nyda Cuniberti contó que una vez un juez de la Nación le pidió a la Academia Porteña del Lunfardo que dictaminara si alguien que había escrito de un semejante el término *chanta* podía quedar incurso en el delito de injuria. La Academia recordó el origen genovés del término: procede de *chantapufi*, el que clava clavos, exclusivamente referido a las personas que no pagaban sus deudas y sembraban clavos por todos lados. En ese entonces los académicos lunfardos determinaron: "No es grato ser tildado de chanta pero tampoco debe considerarse un delito. Lo que ocurre es que nuestra acepción de chanta no se refiere exclusivamente al incumplidor por dinero: más bien

"Era como que no me lo podía creer la del idealismo." (Músico de rock)

tiene que ver con alguien que se comporta con poca seriedad", explicaron.

La así llamada economía del lenguaje

La economización y financierización de nuestra existencia es tan intensa que atrapó formas de lenguaje y términos que años antes se utilizaban para otras cosas. Emisión, tendencia, operador, ajuste, cierre, aceleración, canje son expresiones vivas, figuran en el diccionario, pero al menos entre nosotros su significado fue sepultado por la realidad paralela: la económica. Todas ellas sufrieron el efecto devaluación y dejaron de acompañarnos.

Tengo la sospecha de que cuando los porcentajes y estadísticas se convierten en algo tan importante casi todo tiende a transformarse en un número: los jubilados que cobran el mínimo, los chicos que no comen lo necesario, los activos que no trabajan lo suficiente. Todo esto acerca la vida a una simple variable de ajuste.

Nada de lo que me enseñaron de chico ni de lo que aprendí en la escuela o en mi casa o en la esquina de mi barrio me preparó para entender el flamante código.

Ahorro era una expresión sagrada, impresa en una libreta que todos tenían en la que hasta los centavos (hechos estampilla y no papilla) se hacían valer. Bono era el numerito impreso a mano que vendían en la kermese o en el club del barrio para rifar algún premio. Y *libre* era una palabra notable y enhiesta que estaba en los libros de lectura y enorgullecía al Himno.

El fondo de mi casa era el sitio en donde cabían increíbles volúmenes de cachivaches. Los títulos eran los que

Uhm... el fulano mandó fruta.

tras muchos años de estudio y esfuerzo aseguraban un porvenir a quienes los obtenían y no unos papeles con nombres de remedios (TIDOL, BAGON) o tan ambiguos como Bocón. Intereses se les decía a las vocaciones, a los propósitos, las ambiciones, los proyectos.

Había un hombre de la bolsa cuya misión era atemorizar a los chicos que no querían tomar la sopa. Presumo saber más de los depósitos de la estación Retiro que de los *retiros de depósitos* y confieso que es mucho más vasta mi ilustración acerca de los licuados de banana con leche que sobre la *licuación de pasivos*. Cuando escucho decir *flotación sucia* me imagino hacer la plancha en un charco infectado y ni hablar de mis asociaciones libres en relación con los *depósitos indisponibles*.

Palabras desparejas

En los últimos años, si algo se confirmó, es la crisis del "Somos el uno para el otro", así como también el famoso "No somos nada, hoy estamos y mañana no" y se puso en dramática vigencia que las cosas no son para toda la vida.

Sin embargo, se advierte un tímido regreso de la tradicional palabra novios, pero velozmente suplantada por otra de apariencia más práctica: *amigovios*. En las décadas del 60 y del 70, cuando comprometerse significaba no sólo colocarse unos anillos, la expresión en boga era *compañero* o *compañera*. ¿Quién se animaba entonces a presentar a la legítima o al legítimo como "mi señora" o "la esposa de..."? Todos se habían convertido en compañeros, camaradas de dormitorio, militantes del corazón y del afecto.

"Conocí a un tipo", informa la psicóloga. "Empecé una relación", avisa el escritor exitoso y amante frustrado. "Somos más que amigos", proclama una peluquera de rulos al aire. "Es mi *boyfriend*", dice en inglés la piba del secundario. Muy atrás quedaron los tiempos de los *levantes*, de los *filitos*, de las *simpatías*. Ya casi no quedan *medias naranjas*, se extinguió el *peor es nada* y ni hablar de *festejantes*.

"En la vida hay amores que nunca pueden olvidarse", define un bolero de moda, pero hay también romances pasajeros, flirteos de bolsillo, conocimientos ocasionales y calenturas memorables. Hay parejas como Dios manda y parejas que enfrentan al mundo de lo establecido: hombres con hombres, mujeres con mujeres, mujeres mucho más grandes que sus parejas y hombres en la misma condición. Y es razonable que así sea porque, en cualquier caso, lo que está en juego es la felicidad de las personas. En los años 60 se hizo popular un graffiti: "A coger que chocan los planetas". En los 90, cuando los planetas ya chocaron, SIDA mediante, la recomendación es "Si lo hacés, cuidáte". En los años 60 el gran aliento clandestino eran las orgías, la diversión grupal. En la década del 90 el unisex está en todos lados.

Los jóvenes también juegan a los noviecitos, pero una situación por debajo del nivel de legalidad se denomina *transa*. Se diga como se diga ("Che, tengo una minita" o "Estoy curtiendo con un chabón"), más allá de lo que exprese en cada momento social, la palabra *pareja* seguirá existiendo porque es expresión de un sentimiento que nunca morirá (bah, digo yo): el amor. Aunque, desde 1940, el tango aquel nos avise que "el verdadero amor se ahogó en la sopa" y a nadie le pase inadvertido que lo que se practica hoy es el *amor light*.

Le dio el viejazo.

Lenguas/Pendex

—Por fa, pa, decíle a ma que me deje ir a lo de la abue en bici.

Así, con palabras tajeadas y términos que parecen sacados prematuramente del horno, se habla en estos tiempos de recorte económico y de cabezas premoldeadas a la medida de un videoclip. El lenguaje cotidiano se reparte en porciones y surgen nuevos términos como compu, gordi, flaqui.

Los pendex cambian figus; le dicen seño a la maestra y se pelean con su herma. No hay que ser un niño para apocopar la realidad. Los psicoanalistas, pertenecientes al mundo psi, acaso para ganar tiempo en sus diagnósticos, hablan de personalidades oligos, depres o esquizos. En el idioma barrial son muy reconocidos los chantas (que vendría a ser la mitad de un chantapufi), siempre y cuando no actúen de prepo o no se conviertan en insoportables fanfas. Y hasta Mirtha Legrand (apodada Chiqui) cuando cree que algo no salió impecable recurre a la expresión maso (por más o menos) y menciona como "el presi" al Presidente de la Nación que, según decires, califica como gordo bolú a uno de sus más altos funcionarios.

No es la única manera de comprimir las palabras. Matrimonios que para demostrar compenetración se llaman entre sí mimi, pipi, pupi o bichi; madres que les piden a sus nenes que no se toquen el pichilín o que no se metan el dedín en la nariz. Y también están aquellos que empequeñecen las palabras hablando invariablemente en diminutivos: sandwichitos, servilletita, pancito, vasito. Tal vez porque, igual que la esperanza, las ideas ya no vienen en tamaño baño, todo es mucho más chiquito, incluidas las palabras, sus alcances y sentidos.

Los pibes hablan lo que creen

Cuando uno es chico las palabras se multiplican, tanto por lo que uno puede jugar con ellas como por lo que escucha y cree. Cuando era una nena, mi hija mayor creía que los granitos de arroz se amasaban, uno por uno, como si fueran ñoquis. La más chica cantaba desde su lógica un conocido bolero: en una parte decía: "Amame o déjameme". Hoy, varios años después, las dos pueden contarlas como travesuras memorables, como anécdotas de locos bajitos. ¿En qué curso veloz, en qué post grado, en cuál academia de triunfadores del mañana dejamos de ser locos bajitos que pensamos alto? ¿A qué honorable maestro, en qué mesa examinadora legamos esa rica dosis de locura? La nena de la mayonesa Hellmans transforma a sus padres con sus palabras y Kevin, el pobre angelito del cine, no necesita de ningún adulto para cometer temibles locuras.

En la Argentina los niños pasaron de ser los únicos privilegiados a tomarse toda la cerveza cuando tuvieron pocos años más. Frente a la incomprensión de los mayores los chicos pasaron de ser blancas palomitas a escribir un graffiti de este porte: "¿No dijeron que en la Argentina los únicos privilegiados son los niños? Entonces, ¿para qué carajo crecemos?". Y peor todavía: conozco a un niño que creía que Perón no fue un personaje que tanto había significado para sus padres, tíos y abuelos sino un muñeco de goma que integraba el programa Kanal K.

¡Joya, chiche bombón!

En un trabajo elaborado con Emilia Ferreiros sobre psicoanálisis infantil, el psicoanalista Juan Carlos Volnovich describe el caso de un niño de 6 años que llegó angustiado a la consulta y le preguntó "¿Quién es Gloria?". Fue difícil ubicar a la Gloria exacta y el misterio se reveló cuando el chico la identificó: "De esa que... O juremos con Gloria a morir". El chico acababa de entrar a la primaria y por primera vez había escuchado el Himno Nacional. La actriz Adriana Aizenberg contaba en un espectáculo una confusión similar de sus tiempos de escolar: cuando en la marcha de San Lorenzo decía "Febo asoma" ella escuchaba "Fe en Boasoma" e imaginaba a ese Boasoma como un indígena enorme que la defendería a ella de los malos. A todos nos pasó algo parecido: escuchamos con monstruosas y graciosas deformaciones partes de la marcha Aurora, del Himno a Sarmiento y de la Oración a la bandera.

Los chicos son maravillosos porque son capaces de decir, de creer y de preguntar cualquier cosa.

- Un chico cree que si a un gordo lo pinchan con un tenedor se desinfla.
- Cada vez que viaja por una ruta una chica cree que todos los autos que van en el mismo sentido veranean con ella.
- En cada ocasión en que le toca cantar la marcha Aurora, en el instante en que debe decir "Azul un ala", un chico cree escuchar Azulunara, palabra que desconoce pero a la que imagina como una luna gigantesca, amigable y total.

—Papá, papá, ¿Cetera es una persona?
—*¿Por qué me preguntás eso?*

—Porque si fuera una persona ese Cetera es un cobarde. Todo el tiempo en la televisión dicen: se espera una decisión de Cetera, se aguarda la palabra de Cetera y Cetera nunca aparece, nunca da la cara.

(Diálogo real entre un chico de 7 años y su padre.)

11
(Onzari)

Si me perdona la expresión

—¿Le molestan al académico de Letras las malas palabras?
—Están en los libros clásicos. ¿Cómo me van a molestar?
—¿Las usa?
—A mi leal saber y entender. Cuando las tengo que decir, las digo. *El problema es usarlas cuando no resulten necesarias, cuando traduzcan un estado interno explosivo. Y lo que molesta, ya sea en el cine o en la literatura, es abusar inútilmente de ellas. Me parece lógico y comprensible que Camilo José Cela haya escrito un diccionario de malas palabras.*
—Hace mucho que no lo escucho pero había un sonsonete que se usaba en los barrios: Hablar bien no cuesta un carajo y reporta un beneficio de la gran puta. ¿No

era un desafío del barrio al mundo cerrado y distante del idioma puro?
—*Cambiaron los conceptos de pureza idiomática. Ahora importa fundamentalmente que las palabras digan, aunque sea con crudeza, lo que tengan que decir.* De un diálogo con Raúl A. Castagnino, presidente de la Academia de Letras, en 1988.

Julio Cortázar, que en toda su obra jamás utilizó la palabra concha, confesó alguna vez que por lo menos en dos oportunidades necesitó más a las malas palabras que a los cigarrillos (cita de Marta Dillon en la revista *Ciudad B*). Para el actor Alfredo Casero, malas palabras "son aquellas que tienen que ver con culo, con culear y todo eso". Según Enrique Pinti, malas palabras no son las que él dice en el escenario, sino términos como guerra, hambre, tortura, injusticia y niños abandonados.

Entrevistados por el diario *Clarín* para una nota sobre las malas palabras, adolescentes que estudian en un colegio de Barrio Norte de Buenos Aires declararon: "No es una ofensa ni agresivo que te digan forro o boludo. Peor es que te digan mogólico, trolo o narigón". El humorista Alfredo Casero —que anteriormente popularizó expresiones como terminála, cacarulo o poroto podrido— introdujo al mercado de insultos el sorprendente "Puto del orto", originado en el título, en inglés bastardo, de su canción "Put on the ort".

Hasta las viejas y nunca bien ponderadas malas palabras están en debate porque se han corrido las medidas de obscenidad y fundamentalmente porque su uso pasó de los ámbitos privados a los públicos.

En el año 1974 un semanario de actualidad consignaba este diálogo escuchado por uno de sus periodistas en una playa:
—Por suerte que conseguí este conchabo —dijo la madre.
—*¡Ay mami, mirá lo que decís!*
—Conchabo, conchabar. Una palabra bien española que quiere decir trabajo. Quedáte tranquila, nena, no tiene nada que ver con la concha.
—*Ah, bueno.*

Década Insulto

1890: Me cago en la sangre de tus muertos; Culeao
1930: Canalla
1950: Jodido
1970: Boludo; Sorete
1990: Cortála mogólico; ¿Qué te pasa?; ¿Estás menopáusica? Gronchos; Bolitas; Paraguas; Ponjas

¡Qué boquita!

Hay una serie de expresiones que aún hoy reemplazan a la puta que te parió: la punta del obelisco, la punta del sauce verde, ta que te pan con queso. Hijo de puta: hijo de una gran siete, hijo de tu madre, hijo de tu mala madre. Carajo: caracho, carancho, caray, caracoles, cáspita. Me cago en: me caigo y me levanto, me caché en dié, me cacho en vos. La concha de tu hermana: la conferencia de la lora, la cara de la luna.

En su legendario espectáculo *Salsa criolla*, salpicado de malas palabras del principio al fin, Enrique Pinti las dice muy bien, las asume, las defiende y responde a sus críticos. Pero lo novedoso es que durante 1992 quien lo eligiera pudo sintonizar a Pinti por televisión y lo escuchó decir las mismas palabras que pronunciaba en el teatro. Esto también fue un respiro aunque haya generado resistencias de los sectores que consagraron frases tan impúdicas como: ¿Y para esto querían la democracia? Ante esos rebrotes, Pinti declaró: "Ultimamente, con motivo de mi programa de TV y de otros que remueven un puritanismo pelotudo, aumentaron los pedidos de censura. Yo quiero pedirles a esas personas que no sean forros, que no despierten al monstruo, que si no les gusta, cambien de canal y listo". Pinti tiene razón porque en el fondo obscenidad por obscenidad es infinitamente mayor la que se aprecia dentro de los programas políticos cuando se aborda el tema de la corrupción: legisladores que cobran por participar en sesiones, concejales que exigen dinero para activar o poner en marcha ordenanzas y funcionarios que ganan como burócratas pero viven como príncipes.

Los insultos tradicionales tienen un muy buen lugar en los medios. En los programas de radio y televisión cada vez se habla más parecido a como hablamos cuando no nos toma una cámara o no estamos frente a un micrófono. En un teleteatro, Gerardo Romano se larga una soberana puteada; en otro, dos actores jóvenes se mandan al mismísimo carajo y en uno más una actriz al borde del ataque de nervios le dice a su marido que es un hijo de puta. Cuando pierde respondiendo en el concurso por un viaje de egresados a Bariloche, un estudiante se larga

"El tipo está loco" se transformó en "Está muy mal medicado".

un rayo y dos centellas a cámara (que te recontra), un tiro en el travesaño hace exclamar al relator de fútbol más escuchado lo que cualquiera diría en la tribuna: ¡Qué culo! y la cobertura de cualquier noticiero en una manifestación filtra palabras y frases a esta altura incapaces de sonrojar a nadie: La conchetumadrehijademilputa o laputamadrequeterepariooo.

En un programa en el que se discutía el tema de las malas palabras —¿forro lo es?— un televidente dijo que se sentía cabalmente interpretado por el uso que le daba a la expresión Antonio Gasalla porque él en su vida, a cada rato y por muchas razones, se sentía un forro. En ese mismo espacio una televidente anónima dio otra clave para entender el camino de la palabra: "Escucho a los chicos, como los míos, que usan la palabra forro como insulto y por otro lado veo a Gasalla o a funcionarios que lo regalan en cámara y recomiendan su uso. ¿Es o no una mala palabra?". Los políticos se matan a insultos pero antes de decirlos no olvidan recurrir a fórmulas surgidas del eufemismo y de la hipocresía como "si se me perdona la expresión" o "con todo respeto".

Guía veloz de vituperios famosos

Coger: Cada maestrito con su polvito. Garchar, fifar, cular, enterrar la batata, mojar el bizcocho, medir el aceite, bajar la caña, atracar, moverse, trincar, clavar, pirobar, tener relaciones, estirar el fideo, hacer el amor, pinchar, reventar, apretar, curtir, matraquear, chingui-chingui, hacer la porquería, meterla, acostarse, echarse un polvo. ¿Qué tal, eh?: veinticinco mane-

Ahora bien...si algún imbécil, si algún pobre infelíz inservible desea insultarnos con fines electoralistas, que lo haga. Nosotros no entraremos en ese juego tan bajo.
Fontanarrosa

Lugar común: fuentes confiables.

ras de decirlo y hay muchas más maneras populares, graciosas y eufemísticas de referirse a la relación sexual propiamente dicha. Y después dicen que de coger ni hablar.

Choto: En Buenos Aires, órgano sexual masculino. En Montevideo, una forma de embutido deliciosa. Viejo choto es un insulto, bastante despectivo, por viejo, caído, venido a menos, o terco y empecinado.

Orto: Sinónimo de culo (no culito; orto es otra cosa). El culo, pero a lo bestia. Grueso, importante, ominoso: orrrrrto. Forma de expresar que alguien tiene mucha suerte: "tiene un orto a toda prueba", "tiene más orto que cabeza". Los bebés tienen colita. Las mujeres tienen orto. Que viene a ser el otro culo.

Puta: "Derecha (y latina) mente dice un hombre la voz que rima con prostituta. El diccionario se le viene encima enseguida y le tapa la boca con meretriz, buscona, mujer mala, peripatética, cortesana, ramera, perendeca, horizontal, loca, instantánea, tronga, marca, hurgamaidera, iza, tributo... El compadrito de la esquina podrá añadir yiro, rea, turra, mina, milonga, eso no es riqueza, es farolería, ya que ese cambalache de palabras no nos ayuda ni a sentir ni a pensar" (Jorge Luis Borges, en el notable artículo "El idioma infinito" incluido en el libro *El tamaño de mi esperanza*, originalmente escrito en 1926 y reeditado en 1994)... Y ahora digo yo: ¿lo tenías a Borges? Yo sí. Pero para homenajearlo aquí van

151

otros sinónimos de la mujer que se dedica a la profesión más vieja del mundo: gato, garaba, trotacalles, papusa, atorranta, percanta, putirri, pervertida, deshonrada, innoble, mundana, pendanga, mujerzuela, hetaira, zorra, perra, calientacamas, transera, manceba y por supuesto, la deliciosa, insustituible y preciosa palabra *puta*.

Hijo de puta: Los extranjeros, en cuyos países este insulto constituye una ofensa prácticamente mortal, se asombran muchísimo cuando notan de qué modo se usa entre nosotros el hijo de puta. Como celebración: "Es grande el hijo de puta este"; como cariño: "Hijo de putita", o como rayo de maldición: "Hijo de recontramil putas". En ocasiones, cuando se desea dejar a salvo el honor del destinatario del insulto, se dice: "Mirá, tu madre será una santa, pero vos sos un hijo de un millón de putas".

Boludo: Hace mucho, insulto típicamente masculino y hoy uno de los más usados por las mujeres. "Es una mina que tiene unas bolas enormes", se dice de alguien jugada o comprometida. Hay boludos alegres y boludos atómicos. Uno puede ser boludo o hacerse el boludo. Nos pueden ocurrir cosas de boludo o por boludo. Explica a personas y a hechos, origina refranes ("Es más boludo que chupar un clavo") y poemas memorables como "La balada del boludo", de Isidoro Blaistein.

(Página en horario de protección al menor)
A veces tenemos diarrea verbal

Parece que fueron los griegos (con la misma boquita con que difundieron otras disciplinas sublimes) quienes dieron el impulso inicial a la *escatología*, entendida como todo aquel mundo que tiene que ver con los excrementos. "¿Qué tenés? ¿Una boca o una cloaca?", preguntó azorado el que fue salpicado con alguna palabra de mierda. Lo cierto es que la caca y asociados suelen hacer de nuestro lenguaje cotidiano una fuerte descompostura. Y peor aún, esto se reproduce en la vida diaria, donde es habitual sentirse *cagado* o hacer *cagar*.

El alegato de un damnificado podría sintetizarse así: "Me tiró un balde de mierda encima". Una tormenta de esas que paraliza la ciudad se ejemplifica con la gráfica expresión: "Cayeron soretes de punta". Para los presuntuosos y agrandados ya hay una singular definición: "Se cree la gran mierda pero no llega a pedito". Al periodista se le dice *cagatintas*; al defraudador se le llama *hijo de Cagador y La Fusta*, y al miedoso le ponen *cagueta*.

Probablemente, nuestras conversaciones deben ser muy olorosas: vamos de "Sos un cagón" a "Me cago en vos", andamos entre el "Te voy a cagar" y el "Otra vez me cagaron". "Cagaste la fruta" o "cagó fuego" figuran entre los términos escatológicos más conocidos. Al traidor de una amistad o de una confidencia se le apunta como cagador, mote de mierda si los hay.

Cualquier situación parece dar como para hacerse encima: uno puede pasar de "cagarse de miedo" a "cagarse de risa", o ganarse el infierno en pocos segundos cagándose

No somos nada.

en Dios o en Satanás. Señores, pasemos en limpio esta información que tan mal huele y que merecería haber sido escrita en papel higiénico. Y a quien no le guste, que por favor no me mande a cagar: simplemente, que dé vuelta la página como quien aprieta el botón del inodoro.

12
(Docena)

Cambiando por completo el ángulo de la información

EN LA RADIO, EN LA TELEVISIÓN, en la prensa escrita se habla, se dice, se escribe bastante mal: tal vez porque se piensa mal. El especulador de una mesa de dinero pasó a denominarse *operador económico*. Los periodistas, que en los tiempos de *Crítica*, cuya redacción integraba Roberto Arlt, éramos los cagatintas, terminamos siendo *trabajadores de prensa* y *comunicadores sociales*.

Boca no ganó el campeonato: *campeonó*. Andrea Del Boca no encabeza el elenco de *Antonella*: lo *estelariza*. Montones de términos se utilizan de oídas sin averiguar si no son más que un desafortunado producto de moda: ¿quién no escucha diez veces al día palabras que, en el fondo, no quieren decir lo que aparentan, como *cobertura, álgido, desfasaje, solventar, desestabilizar* y otros neologismos?

Lugar común: vecino país.

Luego de más de cuarenta años de exponernos a las series dobladas en México o en Centroamérica nadie dice *aparcar, nevera, carro*. Pero en cambio son múltiples los traslados y transferencias: hasta la más deslucida de las vedettes explicará sus próximos fracasos artísticos en términos psicoanalíticos y cualquier entrevistado en la calle podrá cerrar su participación imitando a Neustadt con el "¿Lo dejamos ahí?" o el "ta ta ta" de Víctor Hugo Morales.

Entre las de más reciente difusión está la palabra *chivo*, hasta un tiempo antes a disposición del mundo de la publicidad, del periodismo y de los *chiveros*. Hace poco la utilizó el propio presidente Menem. Para referirse a rumores de cambio de gabinete el presidente afirmó que eso era producto de los que *chiveaban* con algunas versiones. Y antes que él, el ex embajador Terence Todman afirmó que algunos periodistas están acostumbrados a *chivear*. El último de los televidentes sabe a qué se refiere Susana Giménez cuando dice: "Uy, te pasaste el chivo". Del mismo modo el habla de los televidentes se nutrió de la expresividad de Olmedo, del lenguaje del pronóstico meteorológico, de los slogans de la publicidad y de los idiomas extranjeros, porque todos decimos *look* cuando podríamos decir aspecto, o *show* si lisa y llanamente pensamos en el espectáculo. Justamente de este mundo llegaron los términos tan cotidianamente utilizados como *rating, gag, sketch, boom, jingle, cachet* y en español modismos como *unitario, panel, exteriores, conductor*.

Década Producto

Fijadores para el pelo

1940/1950	1960	1970	1980	1990
Gomina	Ricibril	Acondicionador	Gel	Savia vegetal

Golosinas de cancha

1940/1950	1960	1970	1980	1990
Turrón japonés	Chuenga	Sugus	Garrapiñada	Chicle globo

Productos lácteos

1940/1950	1960	1970	1980	1990
Leche suelta	Cuajada	Yogurt	Yogurt descremado	Leche cultivada

Laxantes

1940/1950	1960	1970	1980	1990
Limonada Roger	Cirulaxia	Agarol	Chicle laxante	Tisana

Para escuchar música

1940/1950	1960	1970	1980	1990
Tocadisco	Radio portátil	Pasacasete	Walkman	Discman

Contra los mosquitos

1940/1950	1960	1970	1980	1990
Flit	Espirales	Tabletas	Ahuyenta mosquitos eléctrico	Incienso Off

¿Así que estás deseando un domingo compartido, mi amor?
Claro. Con partido. Yo si no hay fútbol me aburro
fontanarrosa

Dame letra

De aquel dichoso sonsonete urdido por los libretistas de "La revista dislocada", un éxito de la radio en 1955 (el aún vigente deben ser los gorilas, deben ser), los humoristas le ofrecieron mucha letra a la gente con términos como *pendorcho, patapúfete, eeeeapepé, qué bochorno, le pertenezco, encontré la luz, atrás atraaas,* vermout con papas fritas y *good show,* estamos en el aire, en vivo y en directo, hacemos un llamado a la solidaridad, en la televisión el tiempo es tirano y muchas, muchas maneras de pedir el corte para la publicidad: ahora, tras la pausa volvemos con más de...; disponga de las cámaras señor director; un corazón y volvemos; adelante móvil 2 en...; un corte, una quebrada y volvemos; y en seguida la emoción mayor de la televisión argentina; dame dos; dáme tres; un corte y seguimos con el programa que dio vuelta la televisión argentina; ¿qué gusto tiene la sal?; Feliz Domingo, un programa hecho en positivo; este programa trae suerte; hop, hop; pum para arriba; no me dejen solo; Ahora, dentro de 50 segundos usted y yo vamos a pensar; nunca, nunca lo sabrás; ¿cuándo y con quién fue su primera vez?; ¿y cómo está la bestia?; osooo; ¿con quién estará... (el nombre de alguien) exactamente en este momento?; ¿estoy crazy, Macaya?

Lo dijo la televisión
(¿o lo dijo usted?)

¿Quién se atrevería a afirmar que nunca, pero nunca frente al televisor pronunció algunas de estas frases?:

- ¿Cómo podés mirar la televisión y hacer los deberes al mismo tiempo?
- Acabála, enfermo, cambiando de canal todo el tiempo.
- A mí los que hacen el rating nunca me llamaron para preguntarme qué programa estoy viendo.
- Estaba de visita en lo de mi tía, la tele estaba prendida en Canal 9 y de casualidad vi que...
- Yo soy de la generación que dejó de leer por la TV.
- Yo nunca miro televisión.

13
(Trecenza)

Asumiendo el costo político de las palabras

A PARTIR DE LA VUELTA de la democracia en 1983 el psicólogo y publicista Miguel Rodríguez Arias empezó a grabar lo que decían los políticos en la televisión. Desde entonces capturó más de dos mil horas de grabaciones y ya editó varios videos que tuvieron enorme repercusión. Esta textura de verbalizaciones no asumidas, de mentiras que inficionan la verdad, de dichos interruptus y discursos públicos que chocan con las conductas privadas explican con elocuencia un país con frecuencia inexplicable. En su primer trabajo —*Las patas de la mentira*— hay una frase de André Gide de una fuerza demoledora: "Todo está dicho pero nadie lo escucha". Representa lo que se siente al ver un documento de Rodríguez Arias: que se habla mucho pero se escucha poco y nada.

Para Rodríguez Arias "el doble y hasta el triple discurso provocaron un profundo descreimiento en la palabra. Esta degradación del discurso lleva a que se degraden las relaciones sociales. Y finalmente esto desemboca en el vale todo y en la falta de compromiso con lo que decimos o hacemos". En sus investigaciones Rodríguez Arias probó que en el país del doble discurso el fallido es rey.

Errores y excesos

Error 1: Trato de no mentirle a la gente. Trato de prometerle lo que no sé si voy a cumplir (Avelino Porto).
Lapsus 2: En 1946 la opción era Braden o Perón y el pueblo se quedó con Perón. Ahora, se trata de liberación o dependencia. Nosotros vamos a optar por la dependencia (Deolindo Bittel).
Metida de pata 3: Uno de los temas que muchos sectores autoritarios de Argentina que desafortunadamente tuvieron la conducción de nuestro partido... de nuestro país, de nuestro país. Mire qué fallido terrible (Dante Caputo).
Furcio 4: Y yo le pregunto a la gente, ¿qué quiere ser usted, propietario o proletario? La gente no lo piensa dos veces, la gente quiere ser propietario. La izquierda le ofrece ser proletario. ¿Cuál es la idea liberal?: ser proletario (Adelina Dalesio de Viola).

Década Verso

1940/1950	1960	1970	1980	1990
Estamos saliendo adelante	Estamos saliendo adelante	Estamos saliendo adelante	Estamos saliendo adelante	Estamos saliendo adelante
Se investigará hasta las últimas consecuencias	Se investigará hasta las últimas consecuencias	Se investigará hasta las últimas consecuencias	Se investigará hasta las últimas consecuencias	Se investigará hasta las últimas consecuencias
Haremos todos los esfuerzos a nuestro alcance	Haremos todos los esfuerzos a nuestro alcance	Haremos todos los esfuerzos a nuestro alcance	Haremos todos los esfuerzos a nuestro alcance	Haremos todos los esfuerzos a nuestro alcance
La política es el arte de lo posible	La política es el arte de lo posible	La política es el arte de lo posible	La política es el arte de lo posible	La política es el arte de lo posible
Andá a cantarle a Gardel	Andá a cantarle a Gardel	Andá a cantarle a Gardel	Andá a cantarle a Gardel	Andá a cantarle a Gardel

"Los hombres son buenos, pero controlados son mejores"
¿Es una frase de Perón?
No. De mi esposa

Doble, triple, cuádruple discurso

Cuando lo dicho es negado, eso provoca desdichas. Y cuando hasta los voceros son acallados nos quedamos mudos de asombro. La debilidad de la palabra de quienes juran y la empeñan ante la Constitución y otros símbolos, los mensajes cruzados de todos los sectores, nos asombran y nos paralizan, las afirmaciones se desnaturalizan y desmienten hasta por cuadruplicado.

En relación con el lenguaje de los hombres públicos queda la descorazonadora sensación de que, finalmente, abren la boca para salir del paso. El presidente Alfonsín, que en muchos temas se caracterizó por su inseguridad permanente, consagró en sus mensajes la ampulosa forma de decir: "Estoy persuadido". El presidente Menem aseguró en 1989, apenas asumía el mando, que llegaba para "destapar las ollas que sean necesarias", pero cada vez que uno de sus allegados apareció vinculado con un hecho de corrupción no sólo no destapó ollas sino que apeló al argumento de que las denuncias eran tiros por elevación contra su figura.

Un diputado criticando privadamente el proyecto de ley de obediencia debida y luego dando quórum y votando "asqueado" su aprobación. La más alta autoridad turística del país poniendo en marcha su campaña de publicidad para que los argentinos veraneen en Argentina y él pasando la temporada en Punta del Este. La máxima funcionaria de medio ambiente ostentando un abrigo de pieles animales. Todos son casos de doble discurso.

El Presidente afirmando una noticia errónea, su entorno celebrando porque "tiene la frescura de decir todo lo que piensa" y posteriormente otro allegado desmintiendo la afirmación presidencial es un caso de triple discurso. Aquella historia relacionada con el envío de tropas argentinas a la guerra del Golfo cuando en el mismo día Carlos Menem aseguró que la Argentina estaba en guerra, su hermano lo desmintió, Cavallo afirmó que el país era neutral y Mera Figueroa confirmó que la Argentina estaba en lucha es un caso de cuádruple discurso.

A fines de 1992, con respecto a la cuestión de los hielos continentales, en una sola jornada se verificaron varios lapsus, traiciones de la cabeza y parientes directos del doble discurso. En esta ocasión el ex vicecanciller Fernando Petrella se presentó en la Cámara de Diputados y dijo: "Venimos a aportar elementos de juicio y a profundizar las dudas entre los diputados". Un ratito después, en el mismo recinto, el ex canciller y ahora diputado Dante Caputo deslizó: "Ahora le cedo la patada (quiso decir "la palabra") a mi compañero de bloque el diputado Baglini". Y el mismo día, un poco más lejos del Congreso, el presidente Menem en visita oficial a Chile quiso nombrar al entonces presidente Patricio Alwyn y muy suelto de mente le salió "el presidente Pinochet".

Entre lo que se dice y lo que se calla buena parte de los ciudadanos perciben, en líneas generales, que los políticos se pelean entre sí cuando están frente a cámaras de televisión, pero apenas las luces del estudio se apagan, se guiñan un ojo, preguntan "cómo salió todo" como si se hubiera tratado de una representación y se van juntos a comer un bife. Palabras de acceso dificultoso como "interna" o preguntas de compleja respuesta como "¿cuál es el país real de los argentinos?" le confirman a los ciudadanos la sensación de que el político no es un lenguaje directo y confiable.

Palabras sin destino

¿Qué argentino en estado puro al escuchar "avispa" piensa en el insecto himenóptero provisto de aguijón y que provoca picaduras muy dolorosas? Avispa es, desde la primera cirugía del presidente Menem, una palabra sin destino. Y hay muchas más.

El "Felices Pascuas" de Alfonsín se chupó la inocencia del ancestral saludo religioso, así como otras perlas de su discurso político ("La casa está en orden", "Estoy persuadido" y "No supo, no quiso, no pudo"), cada vez que son utilizadas para cualquier otra aplicación, remitirán a su voz o a su figura del mismo modo que conceptos políticos no cumplidos en la realidad, como "Haremos la revolución productiva" o "Implantaremos el salariazo", se asocian indefectiblemente con su autor, Carlos Menem.

Frases tan difundidas últimamante como "Dejemos que, primero, actúe la justicia" se multiplican en el momento en que la justicia se encuentra en su más alto punto de sospecha e inacción.

También se da el caso de términos que, aunque no debilitaron su destino, perdieron para siempre su inocencia y nada será igual después de mencionados y hasta de pensados.

Ocurre entre nosotros con palabras como proceso o expresiones como "Se puede" o "Síganme", que han tomado una fuerte y única connotación política. Ni hablar de la expresión *desaparecidos* que recorrió el primer mundo como argentinismo.

En un programa de televisión un invitado relató que en sus épocas de maestro primario, durante el gobierno militar que hizo de las desapariciones de personas un sistema represivo clave, tenía un alumno que molestaba mucho en clase y que, además, era hijo de desaparecidos. Un día el maestro perdió la paciencia, lo echó y le dijo "No te quiero ver por aquí... desaparecé, desaparecé". El maestro se quiso morir, el chico se quedó muy mal y la clase entera acompañó el traspié.

Los explicators

Trasmutado en muchos personajes conocidos, la realidad y la ficción se asociaron nuevamente: el personaje *Explicator* existe y hasta se lo puede describir. Da explicaciones no como cesión abierta y oferta generosa, sino como un modo de encapsular verdades y como camino de salvación personal. No cree que explicar pueda ampliar su mundo, no comparte aquello de que el que explica concientiza, esclarece. Más que dar explicaciones, las quita. Más que explicar, él zafa de construir. Antes que sostener un principio de transparencia trata de salir del paso con la muy argentina práctica del toco y me voy.

¿Hay reforma constitucional?: una explicación. Nadie toca la Carta Magna: una aclaracioncita ahí. La abundancia de explicaciones acerca de las privatizaciones puede generar semejante desconocimiento, impotencia y perplejidad.

Cada *explicator* va por el mundo con su explicacioncita. Hay explicaciones populares, de mercado, neoliberales y de izquierda o de derecha. Hay internacionales y de cabotaje. Hay explicaciones privadas y oficiales. De fondo y de coyuntura. Cautelosas y optimistas. Hay explicaciones a pedido y pedido de explicaciones. Hay explicaciones que son defensa y otras que son el mejor ataque. Un capítulo decisivo es explicar la crisis: la del socialismo, la de las ideologías, la del gabinete, la de Medio Oriente. Lo que nunca entra en crisis es el género explicativo, porque está desarrollado como para que no le falte nada y que cierre en sí mismo.

"Al pueblo argentino hay que darle soluciones y no explicaciones", dijo en una ocasión el ex dirigente radical César Jaroslavsky. Pero lo que más se observa es que una explicación sucede a otra, y entre ambas construyen una cadena que sistemáticamente estira o aleja la solución. Esa es una cadena que incluye explicaciones nuevas, ya sea coincidentes o violentamente opuestas. Es que cualquier funcionario sabe que, ante cualquier emergencia de su sector, le bastará con desarrollar los sagrados principios de una explicación dada a tiempo y en el lugar adecuado. En cualquier sistema político, convivencial y jurídico las explicaciones son imprescindibles como un refuerzo del aparato y como una forma de demostrar voluntad para transparentar el acto. Pero también resulta sencillo imaginar que en democracias más antañas y sólidas que la nuestra los canales de las explicaciones y de las realizaciones no vayan separados. Cuando alguien se dedica a la formalidad hay otros que desde hace rato pusieron manos a la obra. ¿Me explico?

14

(Cetorca)

Dudas lingüísticas (I)

¿La presidente o la presidenta?

En 1974, la secretaría de Prensa y Difusión de la Nación decidió que la manera correcta de nombrar a María Estela Martínez de Perón era "excelentísima señora presidente de la Nación". De ese modo, salía al frente de una curiosa polémica acerca de cuál debería ser la denominación correcta de la jefa (¿o del jefe?) del Poder Ejecutivo. La controversia abarcaba la gramática, involucraba al lenguaje del periodismo y se inscribía en los límites entre el hombre y la mujer, el machismo y el feminismo dentro de la sociedad.

Muchos pensaban, incluidos los diccionarios de autoridades, que el artículo 74 de la Constitución mencionaba como correcto el sustantivo presidente porque en 1853 nadie soñaba con la posibilidad de que una mujer ocupara un puesto. Pero tampoco la denominación se reemplazó cuando en 1947 el peronismo instituyó el voto femenino obligatorio, acaso porque en ese momento había Perón para rato. Y la propia María Estela, a la que todos le dijeron Isabel o Isabelita, no mosqueó en octubre del '73 cuando juró desempeñar con lealtad y patriotismo el cargo de vicepresidente de la Nación. Y mucho antes todavía de que Martínez viuda de Perón asumiera como "jefe" del Ejecutivo, María Eva Duarte de Perón se convirtió al morir en la "jefa espiritual de la Nación".

Desde hace algunos años la discusión no es tan grave porque hay mujeres intendentas o dirigentes de empresas; hay juezas o gerentes, además de que presidenta figura en los diccionarios en la acepción de mujer que preside o dirige. En todo caso, lo que todavía permanece en discusión es el lugar de la mujer, no el título que recibe. Es posible llamar sirvienta a una mujer que cumple ese oficio, pero sólo con fines irónicos se dirá a alguien decenta o insolenta. Jueza se utiliza frecuentemente aunque carga sobre sus espaldas el estigma de ser considerada un barbarismo, a pesar de que a nadie en su sano juicio se le ocurra decir palideza o vejeza.

"El castellano, que todo lo sexualiza, masculiniza los plurales. Nuestra lengua tiende a borronear lo femenino del nivel discursivo, tanto en la pluralización como el singular en general", dice el psicoanalista Juan Carlos Volnovich en su artículo "El n(h)ombre del sexo". En este texto, en el que el doctor Volnovich indica que el orgasmo es siempre masculino (sería inconcebible hablar de la orgasma) se indica que la disfunción llamada anorgasmia es

Lugar común: fuerte silbatina.

siempre femenina. Y se agrega: "La masculinización de lo neutro de procesos cognitivos de los hablantes de la lengua parece no ser tan inocente como se creía hasta hace poco. El sexo es siempre y únicamente masculino porque si no sería, para las mujeres, la sexa".

Veinte años antes, hasta la Academia Argentina de Letras dudó sobre la manera correcta de denominar a Isabelita. Cuando la esposa del general quedó viuda, el telegrama de pésame de la Academia decía en su encabezamiento: "Excelentísima señora presidente". Ya por aquel entonces el uso común titulaba diputadas a las mujeres elegidas para cumplir funciones en el Congreso. No fue necesario establecer un cupo femenino del 30 por ciento para reconocer esa función.

Década Doble Discurso

Año	Cuando alguien dijo	Lo que pasaba era:
1955:	Estamos limpiando Córdoba.	Triunfaba el golpe de Estado contra Perón en 1955.
1955, 1966, 1971, 1973, 1983, 1989:	Hemos recibido una pesada herencia.	Había que armar una cortina de justificaciones para las próximas cagadas.
	Se acabó la época de las vacas gordas.	Se terminaba únicamente para las mayorías pero empezaba para unos pocos.

Década Doble Discurso

Año	Cuando alguien dijo:	Lo que pasaba era:
1976 a 1993	Debemos buscar soluciones imaginativas para el problema de la deuda.	Cada vez estaba más cercano el momento de bajarse los pantalones.
	Prefiero un intendente que meta la mano en la lata siempre y cuando haga obras	El intendente Osvaldo Cacciatore concluía las obras de la autopista 25 de Mayo
1982	El que apuesta al dólar pierde.	Se venía una nueva y fuerte devaluación del peso argentino.
	Estamos ganando.	Que se acercaba la definitiva derrota militar en Malvinas.
1987	Me designaron para tomar Campo de Mayo y eso es lo que haré.	Que el general "leal" Ernesto Alais jamás completó ese trecho.
De los últimos cincuenta años	Hemos inaugurado la cultura de trabajo.	Se venía una mano de conflictos laborales, bajos salarios y desocupación.

Dudas lingüísticas (II)

Obediencia debida a la palabra aniquilar

DURANTE UN BUEN TIEMPO (y cada tanto se renueva) ocurrió que parte del drama argentino de los años 60 y 70 dependió de una cuestión semántica: la interpretación, correcta o no, del sustantivo *aniquilación* incluido en los decretos presidenciales 2770, 2771 y 2772 del año 1975.

En aquel momento, como presidente provisional del Senado en ejercicio interino del Ejecutivo, reemplazante de una presidenta Isabel Perón efectivamente stressada o sabiamente alejada, apretado por la guerrilla y urgido por las Fuerzas Armadas, Italo Argentino Luder convino y rubricó esos decretos.

En el juicio a las juntas militares de los primeros años de democracia y en varias ocasiones más, la discusión por la inclusión de esa palabra se convirtió en todo un tema. O un exceso. Porque error parecería ser que aquellos hombres no hubieran consultado uno o más diccionarios, pero no los efectos tremendos de su acción.

De haber recurrido a un aniquilaburros, se hubieran enterado que en la página 125 del *Pequeño Larrouse Ilustrado,* entre palabras francamente inocentes como anión —un término proveniente de la física— y anís —una bebida blanca, algo pasada de moda pero con efectos medicinales— figura aniquilación, como "acción y efecto de aniquilar". Líneas después, revela el significado de aniquilar, palabra que puesta en acción en la Argentina trajo los efectos de su definición: reducir algo a la nada, destruir por completo. En caso de requerir mayor amplitud etimológica podrían haberla encontrado en el *Diccionario Enciclopédico Quillet*, allí donde aclara que una acepción de esa palabra, proveniente del latín *annhilare,* era, en los tiempos del poeta Virgilio "destruir o arruinar algo enteramente".

Acerca de *aniquilar,* la erudición de la Real Academia Española informa: "...deteriorarse mucho alguna cosa, como la salud o la hacienda". Pero si todavía requirieran mayores satisfacciones, el diccionario de sinónimos de F. C. Sainz de Robles ofrece 19 sinónimos del polémico verbo aniquilar. La arbitraria selección de nueve de ellos —arrastrar, derruir, devastar, disminuir, hacer polvo— ofrece una eficaz crónica de lo que sucedió en la Argentina a partir de que el término aniquilar tuvo tantos significados como senderos que conducen a la muerte.

Muchos pretendieron aprovechar la discusión acerca de quién había pronunciado primero la palabra aniquilar para distraer y evitar acusaciones. Pero ¿qué pasa con el resto de las palabras que completaban los tres decretos? Parece un episodio muy argentino: vuelve a suceder que en lugar de que los hombres se sirvan de las palabras, las palabras persiguen a los hombres. Todas las definiciones de la palabra aniquilar están en los diccionarios. Los aniquilados, ¿dónde están?

Dudas lingüísticas (III)

De un día para el otro el hombre que popularizó la frase "cirugía mayor sin anestesia" se convirtió en protagonista de un hecho más médico que político. Y durante esas horas la palabra estelar fue *operación*, un dicho de natural pronunciación en las ciencias quirúrgicas pero, además, un término clave en la jerga política actual. En 1993, el presidente Menem fue objeto de una operación, una cirugía mayor con anestesia.

A grandes, o insignificantes, hechos políticos, militares, sindicales o universitarios de las últimas décadas se los bautizó con el nombre de operación. *Operador* es el que dirige una actividad política secreta y no los cirujanos que con la mano hundieron el bisturí en la profunda garganta presidencial para borrar un amenazante aneurisma. En el diccionario, operación figura como sinónimo de ejecución, de situación final, de muerte. En algunos casos coincide, ya que en los ambientes políticos una operación es un plan más o menos trágico o táctico, secreto o conspirativo. Hay con frecuencia operaciones económicas o bursátiles y se repiten cada día insólitas operaciones de prensa que cuando son demasiado burdas se asemejan a una forma de la disección política denominada cirujeo. Si las operaciones son deficientemente realizadas se les dice operetas, que así es como en la década del 70 los guerrilleros denominaban a sus incursiones violentas. Y también están las óperas bufas, género todavía más degradado que la tragicomedia o farsa que nos toca vivir cada día.

Lo cierto es que hay operaciones y operaciones. Algunas crecen hasta convertirse en crucial cuestión de Estado y otras se diluyen, como sucedió con el coágulo del Presidente. De un momento para el otro, la habitación de un centro médico se convirtió en escenario de "operaciones de alto vuelo político", tal como reconoció un diario, y hasta en ámbitos tan recoletos como la sala de terapia intensiva sonaban, irrespetuosos, los movicones. Abajo, arriba y al costado del lugar en donde el Presidente era operado, abundaban a cara descubierta o con *barbijo de operadores*.

La inesperada visita del ex presidente Alfonsín a la clínica fue objeto de una "minuciosa operación previa", realizada por un operador del radicalismo, el ex diputado Simón Lázara. Un ex director de la SIDE, lugar desde el que se urden operaciones clave, declara que no le gustó cómo se manejó la información sobre la salud del Presidente y advirtió que él hubiera *operado* de otra manera. ¿Disidencias con el cuerpo médico? Nada que ver: se refería al estilo de comunicación en un mundo en donde *operar* es manipular a gusto y piaccere, especialidad en la que algunos son, a juzgar por sus opiniones, iguales a cirujanos recibidos. En los tiempos que nos toca vivir, cualquier político, para evitar dar pasos en falso, tiene un operador que habla y pone la cara por él. La diferencia entre éstos y los que se recibieron en la Facultad de Medicina es que, para bien o para mal, los de guardapolvo blanco deben responder ante el viejo Hipócrates por los tajos que se mandan y la sangre que derraman.

El menemazo quirúrgico de 1993 tuvo, además de su lógico saldo político y humano, la posibilidad de ser analizado desde lo hablado y un interesante humor involuntario.

Los términos, frases y expresiones que la democracia nos dejó

- "Ganó la democracia y ganamos todos."
- "Ese no puede hablar porque siempre fue un mariscal de la derrota."
- "La derrota fue de todo el partido, no del candidato derrotado."
- "¿Fulano?... ése se quedó en el '45."
- "Desde luego tenemos falencias, pero también queremos que se fijen en los logros de nuestro gobierno."
- "Queremos entrar directamente al Primer Mundo."
- "No propiciemos el salto al vacío."
- "O nosotros o el caos."
- "Pongamos en acción a la justicia... no nos convirtamos en acusadores profesionales."
- "Hay que bajar los decibeles de la discusión."
- "Permítame, doctor."
- "Y en este caso, señor periodista, quiero ser absolutamente claro."
- "Dicho lo anterior con todo respeto."
- "Y si no me encuentra en el ministerio, déjele dicho a mi secretario que él me lo comunique a mi movicom."

Doctor, me preocupan las condiciones de asepsia de su departamento de cirugía ¿Qué es eso de un "Pozo operatorio"?
"Posoperatorio" señora

¡Qué copado!

"Yerba mala nunca muere", expresó el propio Presidente, quien en esta y en otras ocasiones volvió a utilizar una de sus frases predilectas: "Nadie muere en las vísperas". Los medios, frente a este caso de carótida obstruida, demostraron cierto vacío informativo. En tiempos de exageración desde el lenguaje y el triunfalismo, esta operación no salió ni formal ni favorable ni satisfactoria. Resultó —¿de qué otra manera?— "todo un éxito". En las primeras horas del suceso, los diarios denominaron de distintos modos (aunque con una fuerte carga eufemística) a la operación: súbita enfermedad presidencial; problemita; problema de salud; "una pequeña gripe" (así fue la afirmación inicial del entonces secretario de Medios); dolencia; la afección; "una indisposición" (creación del canciller Guido Di Tella) y el rutilante eufemismo "accidente vascular".

15

(QUINCENA)

Las palabras que el autoritarismo nos legó

Si examinamos nuestra conducta en el trabajo, en la calle, en el auto, en la reunión de consorcio; si revisamos nuestras maneras de comportarnos en la cancha frente al triunfo o la derrota, en las situaciones desahogadas o en las emergencias, probaremos que somos autoritarios, que dentro de nuestro circo interno habita el ya célebre enano fascista.

Un maestro de escuela diciendo: "A mis alumnos primero los quiero buenos, después inteligentes". Un taxista diciendo: "Aquí lo que se necesita es una mano fuerte". Una verdulera diciendo: "¿Para esto querían la democracia?". Un hincha de fútbol diciendo: "Fulano no puede jugar más al fútbol". Un diariero que en su

¡Qué malcopado!

kiosco cuelga este cartel: "No tengo fichas para teléfono. No sé dónde venden. Desconozco dónde hay un teléfono público. No sé para dónde van los colectivos que pasan por aquí", todos, todos son casos de mentalidades autoritarias.

El político peronista y el radical, intolerantes, autoritarios, son antes que eso argentinos intolerantes y autoritarios. "¿Qué querés con Alfonsín si la única convocatoria que le queda es la de acreedores?", dirá un opositor al ex presidente. "¿Qué querés con ese negrito de Menem?", replicará el adversario del presidente actual. El "¿Qué querés con" es, sencillamente, un módulo intercambiable en el que el personaje a estigmatizar puede ser el Presidente, el número 9 de River o los habitantes de las villas miseria "que viven ahí porque les gusta, y si son pobres, ¿para qué tienen tantos hijos?". El fatídico "Por algo será" de los tiempos de la represión militar es uno de los ejemplos más ilustrativos de mentalidad autoritaria.

Dialoguitos

- "Cuando tocaron la puerta dijeron: 'Somos la policía'. Y yo les creí y les abrí. Luego cuando empezaron a robarse todo dije: 'No, me equivoqué: son ladrones'. Pero cuando los mismos que se llevaron mis cosas me detuvieron y me torturaron volví a rectificarme y dije: 'Es la policía'." (De las declaraciones de un testigo de origen paraguayo en el juicio oral a los comandantes de las tres juntas de la dictadura.)

No importa si ganamos. Haber llegado hasta aquí es un premio en sí mismo.

- Mediodía en Buenos Aires. Frente a las pizarras informativas de un diario matutino, en la calle Florida, un grupo de hombres discute sobre temas políticos. Pasa una señora y les grita:

—¿No les da vergüenza, manga de vagos, estar ahí parados sin hacer nada? ¿Por qué no se van a laburar?
—*Cállese la boca, amargada.*

- Diálogo entre el padre de una chica de nueve años y la persona que atendía el stand de una fundación difusora de los peligros del SIDA en la feria del libro de 1992. En el stand se repartían preservativos y la niña había recibido uno.

—¿No le da vergüenza darle esto a mi hija?
—*No, mucha más vergüenza me daría ocultárselo.*
—Así que encima me contestás así. Salí, salí, que te rompo la cara.

- Escena en un almacén de barrio. Está en discusión el precio de un frasco de mayonesa. El cliente exige explicaciones.

—¿Cómo puede ser? En un almacén, a tres cuadras de aquí, la mayonesa está más barata.
—*Mire, si no le gusta el precio vaya y cómprelo en otro lado.*
—Ese no es el tema. Yo sólo pregunté por el precio...
—*Mirá, chiquito, yo a vos no tengo por qué darte explicaciones.*
—Pero ¿el otro almacenero pierde plata vendiéndola a ese precio?
—Bueno, ya me cansé, ahora aunque quieras no te vendo nada. Así que si querés mayonesa barata camináte las tres cuadras.

- El graffiti, sobre una pared de Buenos Aires, empezó con una pregunta enigmática: "¿Qué mirás?". Luego vino alguien y aportó un *"Qué te importa"*. Debajo otro, o el mismo, agregó: "¿Todavía seguís mirando, ganso?" y de inmediato la respuesta: *"Sí, navo"* (por nabo, pero mal escrito) y la conclusión: "Navo, tu madre, idiota".

Y se armó la discusión

Si se lo viera exclusivamente desde su forma de discutir, el argentino confirmaría la expresión de que en estos años recientes la discusión entre las personas de líneas opuestas pasó del antagonismo a la intolerancia. No hemos sido formados en un clima amplio y que ofrezca espacio suficiente al distinto y cabida tolerante y amplia a verdades que no coinciden con las nuestras. En estos ámbitos formativos por excelencia como son el hogar, la escuela primaria y secundaria y el servicio militar nos enseñaron fundamentalmente a temerles a las consecuencias de las discusiones.

Lo cierto es que aquel miedo social a la discusión se desemboza y se desnaturaliza en la Argentina violenta de 1969 a 1983: crímenes de sectores, eliminaciones políticas, represión del Estado, persecuciones, las patotas bravas desterraron la posibilidad de una discusión —disensión sana, tolerante, plural, en paz—. Desde entonces para muchos discutir pasó a ser una tentación maldita, una mala palabra.

Década frases

*(¿Recuerda de qué boquita salió cada frase?
La solución está al final del capítulo)*

Con nombre, con cara y con apellido

1 "Ganamos, conmigo y sinmigo."
2 "No puedo, no tengo, no pago."
3 "Yo nunca me pinté la cara."
4 "Los argentinos aman a este modelo económico."
5 "Y esto lo digo peronísticamente hablando."
6 "Yo antes que nada soy una señora."
7 "A vos no te va tan mal, gordito."
8 "Y si no me autorizan la reelección, saludo 1, saludo 2 y me voy a Anillaco."
9 "El presidente Menem y yo hablamos el mismo idioma."
10 "Déjese de andar por las nubes de Ubeda."

Frases argentinas y autoritarias

- "No le discutas a tu padre, nene."
- "Esas cosas no se discuten, alumno Fulano, y mucho menos en la escuela, ¿entendió?"
- "¿A quién saliste tan discutidor?"
- "¿Sabe qué le va a pasar, soldadito, si se empeña en discutir?"
- "Mire, no discuta más, tiene ocho en la prueba. El nueve es para el profesor y el diez es para Dios."
- "Lo hace y listo, m'hijito. ¿Por qué?: porque sí. Porque lo digo yo. Y lo quiero ya, mocoso, sin discutir."

Esto es tierra de nadie.

- "A vos sí que es difícil discutirte. Si no la ganás la empatás."
- "¿Sabés a cuántos habría que mandar al paredón en este país?"
- "Si ganan los peronistas va a volver el desorden."
- "Los radicales son honestos pero débiles."
- "Los argentinos somos derechos y humanos."
- "A este país no lo arregla nadie."
- "Dicen que no hay plata y resulta que están todos los restaurantes llenos."
- "Esto no va más."
- "Al final esto con los militares no pasaba."
- "En este hogar está terminantemente prohibido discutir. Y no se discute más."

Solución Década Frases

Los autores de estas frases fueron: 1) Herminio Iglesias; 2) Saúl Bouer; 3) Aldo Rico; 4) Bernardo Neustadt; 5) Lorenzo Miguel; 6) Alicia Saadi; 7) Raúl Alfonsín; 8) Carlos Menem; 9) Domingo Cavallo; 10) Vicente Saadi.

Fin

—Perdón, Ulanovsky.
—*Sí, ¿qué querés?*
—Eso, de fin. No se usa más.
—*¿No? ¿Cómo pongo?*
—Poné: Ya fue.
—*Bueno.*
—Un momento: ustedes atrasan un pedazo. Hay que decir: FUE.
—*Bueno.*
—Pero loco, escuchá ésta: FUISTE BROLI. ¿Cómo la ves?... O mejor: este libro tildó, y su autor quedó fusilado y fisurado.

Postdata: Ojalá que este libro les haya parecido copado. A mí me copó mucho hacerlo porque el tema me recopa.

Esta edición se terminó de imprimir en
Talleres Gráficos Grafinor
Lamadrid 1576, Villa Ballester
en el mes de enero de 1998.